FRANCISCO ACKERMANN M.

CON PERAS Y METROS CUADRADOS

zig zag

Con peras y metros cuadrados

I.S.B.N: 978-956-12-3824-4
1ª edición: octubre de 2025

Diseño de portada y diagramación
Juan Manuel Neira / jneira@proyectografico.cl

Editado por Empresa Editora Zig-Zag S.A.
Isidora Goyenechea 3365, oficina 902,
Las Condes. Santiago de Chile.

Las imágenes de este libro nacen de procesos digitales asistidos por inteligencia artificial y de la mirada creativa del diseñador que las dirigió e intervino.

Impreso por A Impresores S.A.
Av. Gladys Marín Millie 6920
Estación Central, Santiago, Chile.

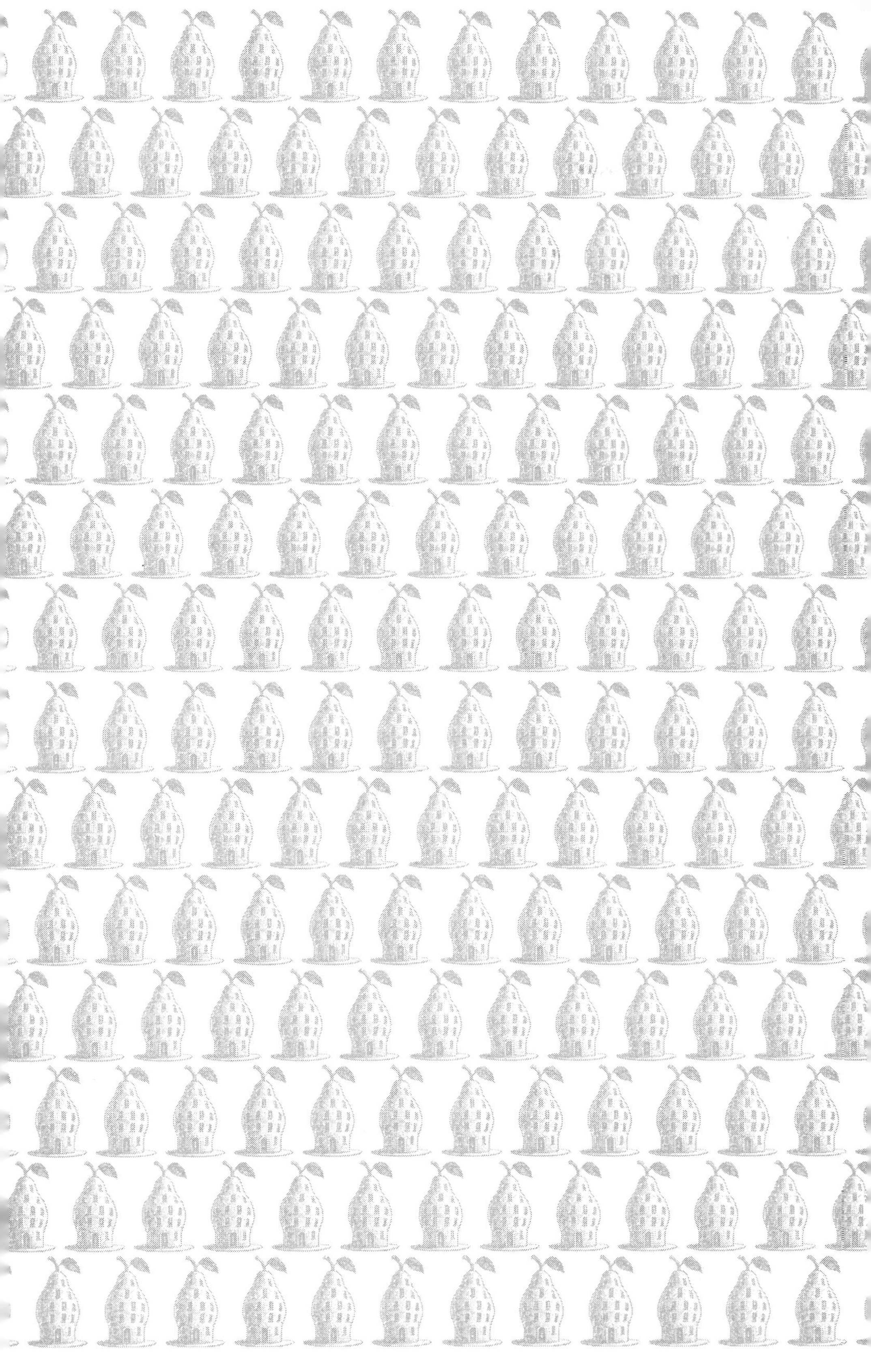

Índice

1

El camino, las dudas, el aprendizaje

No exagero: cuando firmé mi primera inversión inmobiliaria me sentí adulto por primera vez. O bien, al menos entendí que dejé de ser niño. Mucho se habla de madurar, quemar etapas, pero realmente pocas veces sentimos ese *click*, se nos destapan los oídos y nos damos cuenta de que nos convertimos o nos estamos convirtiendo en un adulto. Es cierto que tenía veintitantos años, pero no es la acumulación de años la que nos hace sentir preparados, sino vivir y enfrentar esas experiencias que nos definen, que nos construyen la personalidad, que encaminan nuestro futuro. ¿Están de acuerdo conmigo?

Mi primera compra inmobiliaria ocurrió en el año 2014. ¡Un hito vital para mí! Por entonces no era un influencer financiero, no creaba contenido; trabajaba ocho horas diarias en una oficina y estaba lejos de los medios de comunicación. Simplemente era un joven que buscaba crecer profesionalmente y pasarlo bien cuando podía. Estaba haciendo una linda carrera como ingeniero comercial y, **si bien mi sueldo no era abultado, comencé a preguntarme qué hacer con mi dinero, o mejor dicho, con los poquitos ahorros que me quedaban entre gastos y despilfarro**.

Recuerdo que a los veintitantos años ya había tenido conversaciones muy informales con algunos amigos sobre hacer una vaquita, invertir en un terreno en la playa, dividirlo y tener una segunda vivienda; pero, por supuesto –y como ocurre a esa edad–, las conversaciones no llegaron a ningún lado, y en poco tiempo, cada amigo debió atender sus propios planes y problemas. La vaquita quedó en nada, pero en esas conversaciones surgió el impulso inicial. A veces la vida nos llena de promesas que –si bien no se cumplen en el momento– adquieren mucho sentido con el tiempo. En este caso la idea me quedó dando vueltas y terminó concretándose de otra forma. Divagué, estudié, recorrí portales en internet y, de repente, sentí que ya estaba implantado en mí el bichito inmobiliario.

Así me puse a googlear en mis ratos libres y, de pronto, se me cruzó una página web que anunciaba algo bastante llamativo: "Compra tu primer departamento por 170 mil pesos mensuales". Yo, por entonces, ganaba un millón de pesos de sueldo y, como vivía con mi hermano, creí que tenía la capacidad de ahorrar esos 170 mil pesos para concretar mi primera inversión (me disponía a "retener" esta parte de mi sueldo, aunque, como he contado en otras ocasiones y en otros libros, no es que supiera precisamente "administrar bien" mi dinero).

Pasaron las semanas, seguí pensando en ese aviso e incluso sospeché que podía ser una estafa. Para salir de la duda, agendé una reunión con mi querido Gabriel Cid, mi futuro jefe y la persona que me embarcó en este mundo maravilloso. Gabriel estaba comenzando una empresa llamada Capitalizarme (que, por entonces, era apenas un negocio incipiente y no la gran empresa que es hoy). Siempre recuerdo que yo fui su cliente número siete.

A grandes rasgos, Gabriel me explicó que yo podía pagar el pie de un departamento en cuotas –como yo no sabía lo que era un pie, solo asentía con la cabeza–, y luego ir al banco y tramitar un crédito hipotecario. Ese día caminé hasta mi casa con la cabeza bien revuelta de ideas, le pregunté a todos quienes tuvieran la experiencia de comprar una vivienda, investigué, comprendí algunas cosas, otras no, y entonces Gabriel me llamó días después, percibió cierta indecisión de mi parte y me habló de una idea que terminó de despejarme y, por qué no decirlo, conquistarme:

"Hacer ciclos de negocio"

"¿Cómo es eso?", le pregunté.

Gabriel me explicó que **podía comprar un departamento a buen precio, venderlo en un par de años y, en esa pasada, en un plazo no mayor a cinco años, ganar una buena suma de dinero**. Esto me sonaba increíble y, más aún, la idea me parecía cómoda y ventajosa: al menos, yo ya había decidido que, si me embarcaba en esta compra, sería para complementar mi jubilación y no para tener la casa propia. Es decir: debía comenzar a pensar como inversor-arrendador, más que como futuro habitante de ese espacio. Decidir para qué quería la propiedad, era un gran paso.

Pero no todo fue tan sencillo y fácil. Es más, en un momento me sentí dentro de un calvario de trámites e incomprensiones que, ahora puedo decir, terminó de maravillas. Tuve que desempolvar la chequera –nunca la había abierto desde que me la entregaron en el banco– y documentar veinte cheques con cuotas de 170 mil pesos para pagar el 10% de esa propiedad. Eso era el pie del departamento en verde, es decir, que estaba en proceso de construcción y su entrega sería en varios meses más.

Como el inmueble tenía un valor de 34 millones de pesos, yo debía pagar 3,4 millones de pesos en estas 20 cuotas de 170 mil. Pero no solo debía pagar eso porque, al mismo tiempo, debía comenzar a pagar una cuota mensual de crédito hipotecario. De repente me vi estrechísimo de dinero. Gran parte de mi sueldo se me iba en ese departamento (en ese espacio que ni siquiera estaba terminado) y, la verdad, cada fin de mes sufría por la escasez financiera y comenzaba a entrarme el miedo. **¿Estaba haciendo algo bueno? ¿Era sensato que estuviera pagando cuotas de algo que no había visto?**

Y es cierto que tampoco me había preocupado de visitar el lugar que estaba llevándose mi renta de joven ingeniero. Así que tomé el metro y me fui a recorrer el barrio Mirador en La Florida. No me gustó en lo absoluto. En ese momento no valoré que estuviera cerca de un hospital, de un mall, de colegios, de universidades, sino solo me fijé en que también era colindante a lugares precarios y sucios, espacios muy distintos a los que yo solía frecuentar, porque vivía en una burbuja. "¿Qué estoy haciendo acá? –me pregunté–. ¿Quién me arrendaría este espacio?". Me habitaban sesgos y prejuicios. Estaba preso, desde luego, de un inmenso desconocimiento de la inversión inmobiliaria: de sus ventajas y potencialidades, de las cuales hablaremos en este libro.

Entonces llamé a Gabriel y le confesé todos mis temores. "Mira –le dije– se me está yendo todo mi sueldo en este lugar que, al menos yo, no le veo potencial. Me da mala espina. No le encuentro sentido".

Gabriel me escuchó atentamente y, después de extender un silencio, una risa, un carraspeo, me mencionó el concepto de "sector emergente" y me alentó a pensar en el norte de la proyección. "No veas lo que está al frente tuyo –dijo–, **sino en qué podría convertirse en el futuro**. La inversión inmobiliaria, muchas veces, se trata de aprender a ver lo que estará, no el estado actual de las cosas".

Y tenía toda la razón. Al escucharlo exponer sobre las ventajas de esta inversión, me convencí. Se desvanecieron todas las incertezas, me pegué el alcachofazo y me di cuenta del esfuerzo económico en que estaba inmerso. Después de todo, aunque sonara dudoso, no era tan descabellado lo que estaba haciendo. "A ver–me dije–, acabo de comprar un departamento en un sector en que no hay todo lo que quisiera, pero que, inminentemente, podría llegar a tenerlo". Pensé que en poco tiempo el sector se consolidaría y se reforzaría en **transporte, accesibilidad, centros comerciales, educación, salud, áreas verdes**. Todos factores que, por supuesto, suman valor.

Para entender esto último, pongo de ejemplo a una persona que recién está ganando sus primeros sueldos, o lleva unos años trabajando en un área no tan rentable. Seguramente esa persona está arrendando un departamento en un barrio consolidado, con tradición, que ya tiene todos los servicios posibles: hace su vida en ese lugar, sin inconvenientes, y está tan conforme que incluso se le ocurre proyectar su vida ahí. Lo piensa, comienza un plan de ahorro, y cotiza el mismo departamento en el que vive, pero se da cuenta de que no podría pagarlo, que el valor está lejos de lo que podrían otorgarle en el banco por un crédito hipotecario.

Pero acá viene lo interesante: **lo más probable es que la rentabilidad de la propiedad donde estás viviendo sea inferior a la rentabilidad de otro sector más barato y donde te alcance el dinero para invertir**. ¡Sí!, ese sector que hoy no tiene las ventajas que valoras en un barrio, quizás sí las tendrá en el futuro. Hay zonas que están naciendo y pronto se embellecerán y llenarán de servicios. Quizás llegará el metro y, por supuesto, se diversificará el comercio. ¡Hay barrios que están por nacer y, a veces, es ahí donde debemos proyectar una inversión!

Este mensaje, que ahora me parece tan lógico, caló hondo en mí, me hizo perder los miedos y me armó un esquema financiero. Me sentí muy tranquilo y esperanzado. Me puse a investigar y, por ejemplo, comprobé que la rentabilidad promedio en el lugar donde yo vivía en ese entonces –una comuna de la zona oriente– no superaba el 5 o 6%, y donde yo había comprado mi propiedad los arriendos superaban el 8%.

Es decir: si encontraba buenos arrendatarios y con sus rentas mensuales cubría mi crédito hipotecario, en casi doce años el departamento estaría pagado. Y como leen, ¡se pagaría con el dinero de mis arrendatarios!

¿Cómo podemos calcular la rentabilidad simple?

$$\frac{\text{Valor del arriendo x 12}}{\text{Valor de la propiedad}}$$

Esta certeza me sorprendió y empecé a confiar un poco más en lo que estaba haciendo. En 2015 me entregaron el departamento, y luego vino el pago de diez cuotas, o el gran "cuotón". La cifra era de un millón setecientos mil pesos que debía pagar en tres cuotas, me acuerdo perfecto. Y estas cuotas eran la mitad de mi sueldo. Me apreté el cinturón para poder cumplirlo y, en 2015, firmé recién la escritura de compra venta. Por fin era propietario y, la verdad, es que **fue una sensación extraordinaria poder decir "soy dueño de una propiedad"**. Tuve la suerte de arrendar muy rápido, e incluso, ¡comencé a ver aumentado mi ingreso mensual! Como dije, yo pagaba un dividendo de 170 mil pesos y podía arrendar la propiedad en 250 mil. Es decir, mi sueldo aumentó de un millón a un millón 80 mil pesos. ¡Imagínense que su sueldo crezca en 8%!

Cuotón

Se le llama "cuotón" a la gran cuota final del pie de un departamento y representa el valor que no se cubrió antes de la entrega del inmueble.

Supongamos que compramos un departamento en 100 millones de pesos y pactamos pagar el pie de un 10% en 48 cuotas. El pago del pie (en este caso, de 10 millones de pesos) podrá pactarse en 30 cuotas antes de la entrega y otras 18 posterior a la entrega. El valor del cuotón sería el valor de lo que queda después de la entrega (es decir, 18 cuotas), pago que se realiza generalmente mediante tarjeta de crédito.

¿Por qué muchas inmobiliarias exigen este cuotón? Porque después de la entrega la propiedad es tuya y si, por ejemplo, dieras orden de no pago a los 18 cheques posteriores, la inmobiliaria quedaría en problemas y tendría que comenzar un juicio. El cuotón es su respaldo.

Ese 2015 pensé que me estaba haciendo la América y, volviendo al inicio, sinceramente creo que maduré, que valoré lo que había conseguido, que aprecié las oportunidades que se me habían presentado. Me dieron ganas de profundizar en este tema. Así, un día en la mañana, me miré al espejo y sentí que me había convertido en un adulto.

Y la historia no termina acá, porque en 2019, cuatro años más tarde, decidí vender este departamento comprado en 2014 y ocurrió el "**milagro financiero**" de ver en mi cuenta el monto más grande que había recibido en mi vida. Le devolví las UFS que le debía al banco y me di cuenta de que –sumando y restando costos– gané casi ¡20 millones de pesos! Fue el mejor negocio que pude hacer, y eso que al principio ni siquiera lo entendía bien. Sin duda, y después de tanta vacilación inicial, a la larga fue la mejor decisión financiera y el mayor aprendizaje que me ha dado el mundo de las inversiones.

Yo les cuento mi experiencia con mucha alegría, pero, la verdad, no estoy descubriendo nada, ni menos diciéndoles que tienen que hacer mi mismo camino. Porque en esto **no existen gurúes ni atajos ni formas infalibles para llegar al éxito**. Nunca. Insisto en que no estoy diciendo nada nuevo porque, si analizamos la historia y el presente, podemos ver que las grandes fortunas familiares y las grandes instituciones –iglesias, universidades, bancos– tienen la cultura de obtener bienes raíces. ¿Y por qué será? Simplemente, y fuera de todo misterio, porque el bien raíz tiene la enorme y ventajosa particularidad de ser **un bien limitado, finito.** La tierra no se multiplica. Y los buenos espacios, en los buenos sectores, en las buenas ciudades, no se repiten. Y aunque las principales ciudades del mundo resuelven el espacio levantando rascacielos, los lugares demandados nunca dejarán de subir su valor.

Ahora bien, no les podría decir que el rubro inmobiliario es un cuento de hadas, sino que tuve la fortuna de contar con las personas precisas, entender bien las posibilidades, y atreverme a dar el salto con todos los miedos que uno carga naturalmente. Por supuesto que hoy el escenario de la industria es muy distinto al 2014 (ya hablaremos de esto más adelante) y, quizás, ya no existen tales oportunidades financieras. Pero moviendo bien las fichas, de manera responsable, no cualquier negocio da tanto con tan poca preocupación; no cualquier negocio permite vivir con cierto piloto automático, mientras nosotros, seguramente, seguiremos dedicados a nuestro oficio en particular... Al menos yo, después de esta primera experiencia, me motivé incluso a trabajar en el rubro inmobiliario y no me he detenido hasta hoy.

Así que ahora estoy muy feliz de tener la oportunidad de transmitirles todas las variables de este negocio: lo bueno y, por supuesto, los riesgos de esta industria.

Acompáñenme y, recuerden nunca dejar de informarse.

5 ventajas de la inversión inmobiliaria

Antes de profundizar en los detalles de esta inversión, consideremos las claves fundamentales del mundo inmobiliario que, por supuesto, revisaremos más a fondo a lo largo del libro.

1

Protección contra la inflación

Cuando los precios suben, los arriendos también. Una propiedad bien ubicada no solo conserva su valor, sino que lo aumenta en el tiempo.

En palabras simples: "mientras la plata guardada pierde valor, el ladrillo se ajusta solo".

2

Ingresos pasivos constantes

Un departamento arrendado puede transformarse en un "segundo sueldo".

No necesitas estar encima todos los días para que genere flujo, y eso te da libertad para enfocarte en otras cosas.

Apalancamiento con el banco

Pocas inversiones te permiten crecer con plata que no es tuya.

El crédito hipotecario es justamente eso: el banco pone gran parte del capital y tú te quedas con el activo.

3

Seguridad y tangibilidad

No es humo ni un papel ni una promesa digital. Puedes ver la propiedad, tocarla, arrendarla, remodelarla. Esa seguridad psicológica es clave para muchos inversionistas.

4

Patrimonio y legado

Invertir en propiedades no es solo pensar en ti. Estás construyendo algo que puede durar generaciones, que le da estabilidad a tu familia y que funciona como un seguro a largo plazo.

5

Pero, Francisco, ¿en Chile puede convivir la inversión inmobiliaria con la vivienda propia? ¿Estoy dejando a alguien sin la posibilidad de adquirir su propiedad soñada?

Es relevante entender que en países en vías de desarrollo, como el nuestro, la inversión inmobiliaria sí puede convivir con la vivienda propia. Esto es, en parte, porque a medida que el país va creciendo económicamente, aparece una nueva "población flotante" que está en movimiento. Es muy común ahora ver gente que está de paso por un sector o ciudad, mientras decide qué hará en el futuro. Es más, yo mismo me defino como una persona "flotante" porque aún no he decidido cuál es el lugar donde me gustaría instalarme. Y lo más probable es que lo haga cuando mis hijos recién entren al colegio, cuando sepa que ahí tendré que estar más o menos anclado durante los próximos 18 años. Hasta ahora me he ido cambiando de casa dependiendo de dónde esté mi trabajo para estar cerca.

¿Quiénes más son parte de esta nueva población?

- **Estudiantes**: Cuando un país comienza a desarrollarse, aumenta el número de personas que estudian carreras profesionales. Como las universidades, en general, se concentran en las grandes ciudades, los estudiantes de otros lugares deben trasladarse para vivir 5 o 7 años. ¿Y qué necesitan? Un departamento cerca de su casa de estudios para arrendar, no para comprar. Porque es muy poco probable que alguien quiera comprar sin saber si se quedará ahí para siempre.

- **Migración**: Estas últimas décadas, gracias a la buena situación económica de nuestro país, hemos tenido un importante aumento de la migración, y de todos los países: Perú, Argentina, Venezuela, etc. Y de nuevo, ¿qué necesitan estas poblaciones para poder instalarse? Un arriendo, en principio, mientras se estabilizan, un lugar acogedor que les permita poder proyectarse el tiempo que se queden en el país.

  De hecho, ahora también vemos cada vez más empresas multinacionales con sede en Chile que tienen trabajadores extranjeros de visita por algunas semanas o meses. Y claro, podrían decidir alojarse en un hotel, pero ¿por qué no arrendar un departamento, ese de inversión pensado para renta de mediana estadía?

  Ojo, también tenemos que considerar que el modo de vida ha cambiado. Antiguamente, la gente se casaba a los 25 años, compraba su vivienda definitiva donde sabía que quería vivir toda la vida, formaba familia y, además, tenía un trabajo que mantenía por 45 años. Hoy la situación es totalmente distinta: los trabajos son por 2 o 3 años, y dependiendo de la persona, esta querrá ir movilizándose, buscando nuevos sectores y oportunidades.

  No por invertir le estás quitando una propiedad a otro, porque la propiedad para inversión está pensada justamente para esta nueva población; espacios de tránsito cómodos, para jóvenes o familias incipientes que todavía no están pensando si van a vivir toda la vida ahí. Por esto es importante tener propiedades para arriendo.

2

¿En qué fijarnos cuando pensamos en comprar una propiedad?

Cuando pensamos en invertir en el mercado inmobiliario, es importante tener claro qué buscamos conseguir: ¿una propiedad para invertir y arrendarla?, ¿una propiedad para invertir y esperar que pase el tiempo?, ¿una propiedad para vivir y donde crezcan mis hijos?

Sé que suena obvio, pero siempre me nace recordarles que, a diferencia de otras inversiones, comprar una propiedad es una decisión tan-tan importante (incluye tantas aristas personales y financieras) que **no puede ser fruto de un impulso del momento, sino una reflexión responsable y madurada**.

Al asomarse a este mundo, al vislumbrar la posibilidad de invertir en un inmueble, les recomiendo pensar, visitar, investigar todas las variables, realizar todas las preguntas y analizar todas las respuestas.

- Si optan por la idea de comprar, arrendar mensualmente y esperar que suba de valor para vender y tener un buen retorno, por supuesto debemos fijarnos en que tenga una durabilidad y una renta segura.
- Si el objetivo es adquirir la propiedad para uso propio y que sea el escenario de nuestra rutina, intimidad y proyección personal, es más probable que no nos preocupemos tanto de la rentabilidad, sino de la seguridad del barrio y los espacios que necesitemos.

En ambas posibilidades de inversión encontraremos un mundo de variables para conocerlas y reflexionar. Y para esto, puedo comenzar a orientarlos compartiendo los puntos clave que pueden mapear esa decisión.

El primer –y más importante– consejo es manejar todas las implicancias de su **ubicación**. No solo dónde se ubica el lugar, sino –como señalé en la presentación de este libro– en qué se puede transformar ese lugar. Qué está pasando o pasará alrededor. **Y aunque no podemos predecir el futuro con una bola de cristal, sí podemos pasearnos por el barrio y conocer su presente y su proyección**. Podemos verificar la cantidad de servicios y comercios; y también, podemos ver qué se está construyendo, qué está naciendo, qué polos se están armando. Asimismo, podemos saber por la prensa –en los anuncios del gobierno o las municipalidades respectivas– si se construirán nuevas infraestructuras que hagan el barrio más acogedor, conectado y, por ende, rentable.

Al respecto, yo recomiendo considerar los siguientes puntos para comenzar a considerar la ubicación:

- **Conectividad**: Hablamos de la facilidad para transportarse a los servicios y lugares que necesitamos a diario. Ojalá la propiedad esté cerca de arterias principales y tenga un buen acceso a transporte público: líneas de metro, micros, colectivos, ciclovías, buenas aceras. Una "papita" de medición: la distancia ideal entre la propiedad y una estación de metro es de 10 minutos caminando, menos de uno o dos kilómetros. Y en caso de regiones, los servicios básicos no deberían estar a más de 5 a 15 minutos caminando. Un lugar bien conectado con los distintos puntos de la ciudad consolida una propiedad atractiva y rentable en el tiempo.

- **Seguridad**: Desde luego que debemos estudiar las medidas de seguridad de los barrios respectivos. ¿Se producen muchos delitos cerca? ¿Existen estrategias municipales o vecinales para prevenir robos? Una propiedad gana mucho si está cerca de retenes de carabineros o casetas de vigilancia. Un barrio sin frecuencia de robos genera una mayor demanda de arriendo y mantiene su valor.
- **Áreas verdes**: Pocas cosas mejoran más la calidad de vida que la cercanía a parques o plazas. Es un inmenso atractivo pensando en los habitantes de todas las edades, desde guaguas a ancianos, y especialmente en zonas densas con edificios altos. Las áreas verdes embellecen el entorno, dan un escenario para el deporte o la dispersión, e incluso mejoran la salud física y mental de los habitantes.
- **Servicios básicos**: Qué más agradable que vivir cerca de malls, supermercados, farmacias, verdulerías, ferreterías y otros comercios a menos de 10 minutos caminando. ¿Cuánto mejora nuestra calidad de vida yendo a comprar rápido el picoteo o el vinito para agasajar a nuestros invitados? ¿Cuánto pagaríamos por ir a comprar ese regalo olvidado de cumpleaños para el hermano o amigo? Definitivamente, la vida se hace mucho más fácil si podemos ir a comprar caminando los materiales para resolver una emergencia de gasfitería. Y asimismo, sería un inmenso plus estar cerca de centros de salud –clínicas, hospitales

o centros de atención primaria– para controles médicos o urgencias. Imagínense que, en algunos casos, la proximidad con uno de estos lugares puede salvarnos la vida.

- **Educación**: Para quienes tienen hijos o nietos, vivir cerca de salas cunas, jardines infantiles y colegios resuelve una logística vital. Dejar a los niños a una distancia prudente camino a nuestros trabajos, es lo que podrá organizar mejor nuestros deberes personales y laborales. Igualmente, para quienes buscan arrendar su propiedad, estar cerca de una universidad o centro de formación superior, puede convertirse en un gran atractivo para el arrendatario estudiantil.

Sin duda, todos estos puntos son importantes porque en la vida cotidiana, el tiempo, la tranquilidad y el desplazamiento definen nuestra calidad de vida.

Ahora bien, ¿qué pasa si encontramos un barrio con todos estos beneficios, pero los precios están fuera de nuestra capacidad financiera?

Como adelanté en la presentación, aquí entra en juego el concepto de **sectores consolidados y emergentes**: un estudio de situación tremendamente necesario. Recordemos que, si tenemos una buena oportunidad y la información adecuada, podemos aprovechar la "plusvalía pujante" del sector; un "barrio por explotar"; un barrio que hoy puede tener un precio más abordable, pero apenas se desarrolle podrá subir significativamente su valor.

Sectores consolidados

1

La propiedad se encuentra en una zona que tiene todos sus servicios ya instalados y funcionando. Es de fácil acceso, existe alrededor una buena infraestructura vecinal y una armonía con el entorno. Comprar en estos lugares suele ser más seguro, pero los precios generalmente son más altos.

Sectores emergentes

2

La propiedad se encuentra en una zona en desarrollo. Por ahora tiene pocos servicios y lugares comunitarios, pero la conectividad está consolidándose y, por ende, hay un ecosistema comercial en auge. Según lo que hay o se está construyendo, el futuro se ve lleno de posibilidades o, al menos, mayores a las actuales.

La clave está en buscar un equilibrio entre ubicación, calidad y precio.

Encontrar un sector donde puedas acceder a áreas verdes y servicios de calidad, sin excederte en tu capacidad de endeudamiento.

Ante la duda, y ya conociendo los factores significativos, recomiendo analizar nuestra situación vital y financiera y preguntarnos: ¿Tenemos la capacidad de crédito para comprar una propiedad en un barrio consolidado, o preferimos arriesgarnos en uno emergente con potencial de crecimiento?

La decisión dependerá de nuestra estrategia, presupuesto y tu perfil de riesgo.

Solo recordemos que no siempre la opción más económica es la mejor inversión a largo plazo. Y como siempre, lo más importante es encontrar el equilibrio que nos permita tener una propiedad que no solo sea buena para vivir o rentar, sino, también, que sea un activo que podamos mantener y hacer crecer en el tiempo.

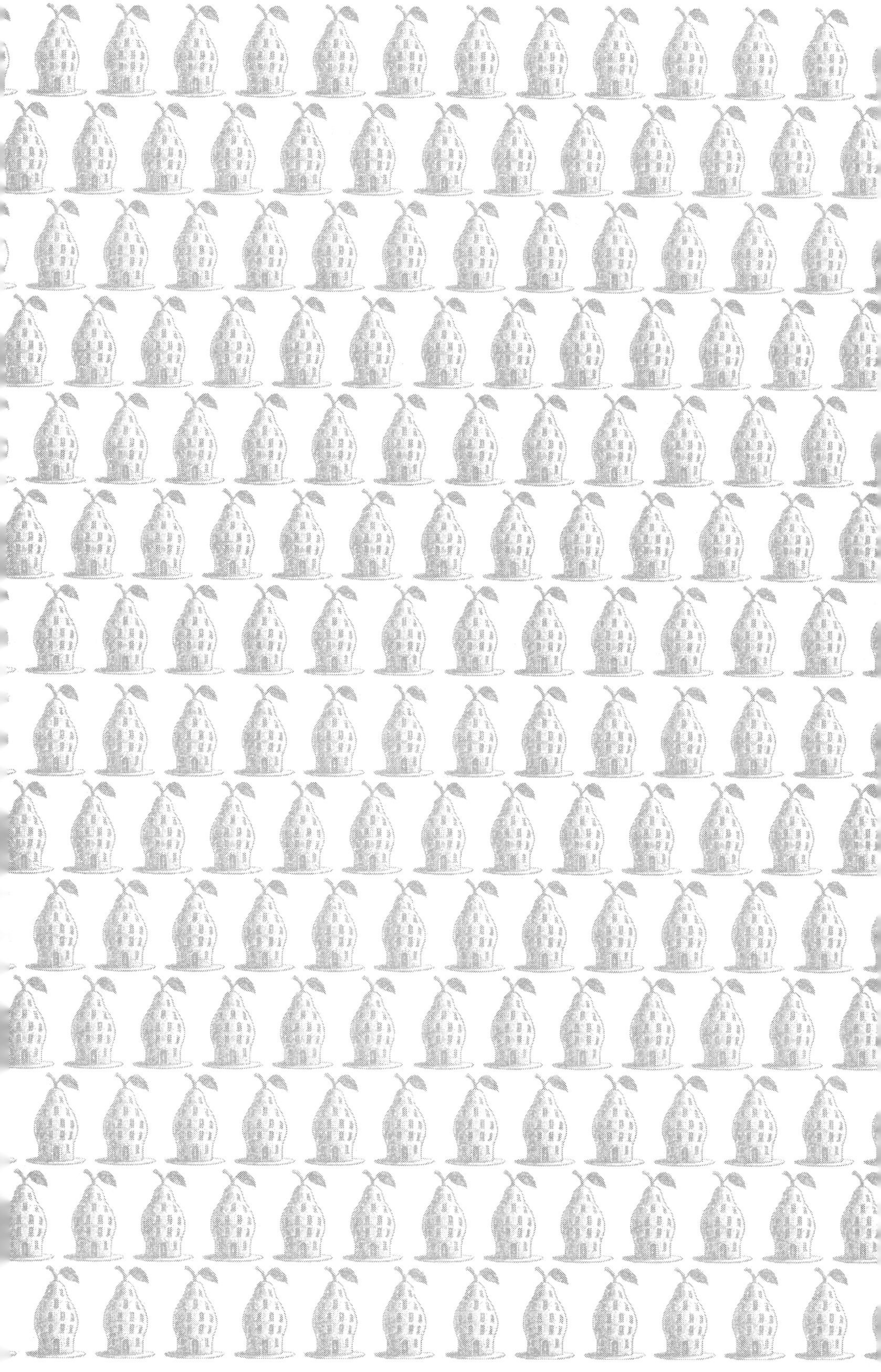

3

¿Qué conceptos debemos aprender a la hora de invertir en propiedades?

Familiarizarse con los conceptos del mundo inmobiliario es la base para estudiar las posibilidades de esta bonita industria. Solo comprendiendo a fondo los aspectos legales y técnicos del negocio –y no solo memorizando o repitiendo lo que escuchamos en un *reel* por ahí– podremos tomar decisiones informadas y minimizar los riesgos de nuestra inversión.

¿Qué debemos tener en cuenta a la hora de evaluar la propiedad y comenzar una negociación efectiva? ¿Por qué las propiedades valen lo que valen? ¿Qué debemos considerar a la hora de acercarnos al banco y obtener las mejores condiciones crediticias posibles? ¿Cómo saber si un proyecto tiene viabilidad económica? **¿Qué información debemos manejar, en síntesis, para lograr una inversión rentable y maximizar beneficios a mediano o largo plazo?**

Veamos si podemos responder todas estas preguntas...

Pero, antes, comprendamos algunos aspectos medulares de este rubro para así, hablando el mismo idioma, comenzar a revisar los detalles más profundos o específicos:

Conceptos base:

a) Tipos de propiedades:

A la hora de pensar en comprar una propiedad, lo primero que debemos considerar es el tipo de inmueble. Nuestro análisis debiera basarse en cómo se organiza y distribuye el espacio para proyectar nuestras propias necesidades.

A continuación, haremos un repaso por las tipologías más comunes y conocidas:

- **Estudio**. Este tipo de departamento consiste en un monoambiente, es decir, una vivienda donde no hay paredes que separen ambientes: la cocina, el dormitorio y la sala de estar están en un mismo espacio y no hay puertas que los dividan. Es un formato funcional y compacto, ideal para personas solteras, estudiantes, o quienes buscan una opción económica y práctica. Algunas veces los llaman departamentos de "concepto abierto" porque todos los ambientes están integrados.
- **Un dormitorio y un baño**. Este tipo de vivienda tiene un dormitorio separado del área común y una puerta que cierra esa habitación. Además, cuenta con un baño completo —ducha y lavatorio— que puede estar en el centro del espacio. Es uno de los formatos más tradicionales y populares porque ofrece un poco más de privacidad y espacio que un monoambiente. Es muy buscado por parejas o pequeños hogares.

- **Dos dormitorios y un baño**. Esta es una distribución más cómoda para familias con un hijo, o para quienes necesitan una habitación adicional para oficina, estudio o visitas. Hay dos dormitorios separados por puertas y un baño completo que, generalmente, se comparte entre ambas habitaciones. Es muy frecuente en el mercado. Suele ofrecer un buen equilibrio entre tamaño, funcionalidad y costo.
- **Tres dormitorios y dos baños**. Es una de las configuraciones más habituales para familias un poco más grandes, o para quienes valoran tener espacios separados y más privados. En estos departamentos, generalmente, hay tres habitaciones y dos baños: uno, quizás, en el dormitorio principal (en *suite*), y otro compartido. Es muy cómodo para familias con hijos mayores, o incluso para quienes quieren tener una oficina, un espacio de *hobbies*, etc.

Complementos y particularidades en las tipologías

La clasificación no termina aquí porque, además de definir la cantidad de dormitorios y baños, hay otros detalles tan importantes como los anteriores que ayudan a entender la distribución del inmueble.

- **Cocina americana**. Cuando aparece la sigla "CA" en los anuncios, significa que la cocina está integrada con el living comedor, sin paredes ni puertas. ¿Qué se gana con esto? Esto genera espacios más amplios, luminosos y modernos, ideales para quienes disfrutan de espacios abiertos y buscan una mayor sensación de amplitud.

Por otro lado, una cocina cerrada está aislada del resto del departamento (separada por puertas) y, si acomoda, puede ofrecer una mayor privacidad, aislación o funcionalidad en ciertos casos.

- **Tipologías de dos dormitorios:**
  - **Dos dormitorios tradicionales**: es la clasificación más común. El inmueble cuenta con dos habitaciones independientes y, en general, de tamaño similar. Tienen un baño compartido.
  - **Dos dormitorios estilo mariposa**: En esta configuración los dormitorios son como un espejo uno del otro, de tamaño igual o similar, y están divididos por una pared central. En esta modalidad puede haber una distribución donde cada habitación tenga su propio baño (en *suite*), o bien un baño en común para ambos dormitorios.
  - **Uno y medio dormitorio**: Es una categoría muy utilizada para rentas, especialmente por estudiantes o familias pequeñas. Consiste en tener un dormitorio principal grande y otro espacio más pequeño, que puede ser una habitación que también funciona como oficina, sala de estudio o habitación para visitas. Generalmente, estos departamentos tienen uno o dos baños y son ideales para quienes necesitan un espacio adicional sin buscar un departamento muy grande.

Nomenclaturas

En los anuncios inmobiliarios pueden verse cifras y términos que describen la distribución con mayor precisión.

- 1D/1B: Un dormitorio, un baño.
- 2D/1B: Dos dormitorios y un baño.
- 1.5/1B D: Un dormitorio grande y uno pequeño, más un baño.
- 2D/2B: Dos dormitorios y dos baños, con diferentes configuraciones (en *suite*, baños independientes, etc.).
- Monoambiente: espacio sin separación entre ambientes.
- 3D/1B: Menos frecuente, pero existen, especialmente en áreas más antiguas o en proyectos específicos.
- 3D/2B: Muy común en unidades familiares grandes, o en residencias que buscan mayor comodidad.

¿Por qué se habla de metros cuadrados en el mundo inmobiliario?

Los metros cuadrados son una unidad estándar y universal para medir superficies. Es una forma clara, objetiva y fácil de comparar el tamaño de cualquier propiedad, ya sea un terreno, un departamento, una oficina, una casa. Esto es muy importante porque nos permite tener un lenguaje común.

Imaginemos que queremos comprar un departamento en Santiago, Buenos Aires o en Nueva York. Si usamos metros cuadrados, podemos entender rápidamente cuánto espacio estamos adquiriendo y cuánto cuesta. Además, facilita el análisis de precios, tasaciones y comparaciones entre otros inmuebles. No importa en qué parte del mundo estés: siempre el metro cuadrado será tu mejor aliado para entender el valor de mercado. Podemos decir: "Un departamento en Vitacura cuesta 80 UF por m^2, o en otras zonas el promedio es de 50 UF por m^2". Esto nos facilita comparaciones más precisas y transparentes.

A nivel técnico, la medida también es muy útil para profesionales como arquitectos, ingenieros y municipalidades. Se utiliza para definir las normas de construcción, calcular coeficientes de construcción, obtener permisos y determinar impuestos.

¿Por qué deberíamos tener conocimiento sobre las inmobiliarias y la constructora?

Cuando decidimos hacer, quizás, la gran inversión de nuestra vida, el prestigio, la trayectoria y la experiencia de una inmobiliaria y una constructora pueden jugar a nuestro favor. No se trata de desconfiar automáticamente de las empresas nuevas o de los agentes emergentes, pero sí es fundamental entender quiénes son realmente nuestros socios en esta gran apuesta vital.

Una inmobiliaria que tenga entre 25 y 30 años en el mercado, que haya construido entre 30 y 40 proyectos, ha pasado por diferentes etapas: ha aprendido de aciertos y errores, y seguramente conoce muy bien cómo gestionar sus edificios, desde la construcción hasta la posventa. Aunque todas las empresas pueden tener algunos desafíos, en general, una trayectoria larga nos da mayores garantías sobre su calidad y confiabilidad.

Además, la historia nos permite entender cómo han sido los resultados en el pasado: ¿cómo han envejecido los edificios que han construido?, ¿cuál ha sido su desempeño en el trabajo con los clientes?, ¿han cumplido los plazos y presupuestos en los contratos o anuncios?, ¿qué materiales han utilizado y cómo han resistido el paso del tiempo?

Recordemos que, en este proceso, también es importante entender quién es quién. La inmobiliaria suele ser la cara visible, la parte comercial que vende y gestiona la venta del proyecto.

La constructora, en cambio, puede ser una empresa distinta y se encarga de la parte técnica (ver capítulo 4): los materiales, la calidad y la durabilidad del edificio.

La triada clave de la inversión inmobiliaria

Ahora bien, supongamos que conocemos las variables implicadas, nos motivamos, investigamos, estudiamos, calculamos nuestros ahorros y... ¡Nos decidimos a comprar una propiedad!

En este paso recomiendo seguir estudiando e interiorizándose en los tres pilares financieros de esta inversión: plusvalía, apalancamiento y rentabilidad.

a) **Plusvalía**

Entendemos la plusvalía como el aumento de valor sostenido que tiene la propiedad en el tiempo. Este factor, por supuesto, no lo determinamos nosotros, sino el mercado y las variables urbanísticas de la zona. En este caso, no tenemos todo el mérito ni la culpa en lo que ocurre. **Aunque tal vez supimos elegir bien o tuvimos un desacierto a la hora de invertir, siempre pueden existir motivos ajenos a nosotros que determinen la plusvalía del sector.** Por ejemplo, ¿algún propietario de un departamento en el barrio céntrico de Santiago podría haber previsto el estallido social de 2019 y, por ende, la baja de la plusvalía de sus propiedades?

Cuando compramos una propiedad de uso habitacional para arrendarla a otra persona, el negocio es muy seguro porque, en la mayoría de los casos, esa propiedad seguirá subiendo de valor. Y lo ideal –como adelanté al comienzo– es que el arrendatario pague una suma cercana a nuestro dividendo. ¿Suena bien, cierto? **¿En qué otra inversión podría suceder que el valor del dividendo lo esté pagando otra persona?**

Pensemos en las inversiones tradicionales planificadas para la jubilación: tú debes pagar de tu bolsillo mes a mes durante décadas, y solo cuando decidas jubilarte podrás retirar un dinero que ha generado un ahorro importante. Esa bolsa, desde luego, se irá reduciendo cuando comiences a retirar ese dinero de forma gradual o total. Y aquí tenemos la gran diferencia con la inversión inmobiliaria: en este mundo, tu arrendatario te va pagando esa bolsa de jubilación, que es la propiedad. **Y más encima, cuando terminas de pagar el crédito hipotecario la propiedad queda a tu nombre y, en lugar de bajar de valor, ¡puede subir!**

No desinflarás tus ahorros, y más encima, también podrías vender el departamento para captar todo ese incremento en valor.

b) El apalancamiento

Apalancar, en líneas generales, es tomar una deuda. Y lo más fascinante, en el caso inmobiliario, es que puedes usar dinero ajeno para hacer crecer tu capital.

Si para alguien común y corriente puede ser difícil conseguir endeudamiento para hacer un negocio (los bancos no nos creen a la primera y, si lo hacen, nos ofrecen un crédito de consumo), en el mundo inmobiliario existen los famosos créditos hipotecarios. **Y como ni nuestras mamás ni nuestros mejores amigos nos prestarían plata por treinta años (¿o sí?), el banco se convierte, de pronto, en nuestro mejor aliado**. En otras palabras, podemos comprar una propiedad utilizando la plata del banco y, por supuesto, inscribirla a nuestro nombre.

Imaginemos una propiedad que vale 100 millones y solo tenemos diez millones para el pie. Podemos pagar estos 10 y el banco nos prestará los otros 90 en modalidad UF. Si hacemos bien las cuentas y, después de comprar la propiedad, conseguimos un arrendatario responsable, el valor de cada cuota de ese crédito puede ser igual o incluso menor al valor de mercado del arriendo mensual del departamento. Puedes tener una cuota de 400 mil pesos, arrendar el departamento a 450 mil, y así... ¡Nos quedarían 50 mil a favor!

Y si años más tarde vendemos el departamento en 110 millones, cuando le paguemos al banco los 90 millones que nos prestó (más los intereses, por supuesto), nos quedaremos con los 10 millones que pusimos de pie, ¡más una ganancia adicional!

Esto puede sonar muy sencillo, pero es cierto: hay que tener en cuenta los costos. Pueden estar leyendo esto y decirme:

–Pero, Francisco, acá existen el costo del crédito hipotecario, las comisiones, el corretaje al vender, etc.

Y yo les replico:

–Por supuesto. Pero supongamos que, entre idas y venidas, gastamos 3 millones de pesos en corretaje, comisiones, notarios, etc., y aún así obtuvimos una ganancia del 7%. ¿les parece malo?

Canon de arrendamiento

Es el pago que un arrendatario realiza al arrendador por el uso de un inmueble.

c) **Rentabilidad**

Entendemos rentabilidad como **el beneficio que podemos conseguir a la hora de invertir en un capital**. Como en cualquier inversión, por supuesto, debemos calcular los riesgos inherentes y la liquidez posible de la operación.

Volviendo a nuestro caso, imaginemos que ya encontramos una ubicación atractiva, investigamos inmobiliarias confiables, revisamos el valor de arriendo del sector y, además, ya tuvimos nuestro primer acercamiento al banco para obtener el crédito hipotecario. Bueno. Ya comprendimos y planificamos esa parte inicial y, ahora, después de revisar muchas opciones, llega el momento de enfocarnos en un edificio y una propiedad en particular: por ejemplo, ese departamento 707 de ese edificio que cumple con todo lo que buscamos.

La primera pregunta, por supuesto, es ¿valdrá realmente la pena endeudarse?

Y la segunda, ¿cuánto podrá rentarme ese departamento si lo arriendo al precio de mercado?

Para responder estas dos preguntas fundamentales, revisemos algunos conceptos y tipos de rentabilidad para tener en consideración y calcular informados.

a) **Rentabilidad bruta**

Se trata de un indicador bien sencillo, una medida que nos ayuda a tener una idea rápida de si la propiedad puede ser una buena inversión. Es importante aclarar que esto no nos dice si la inversión será rentable en realidad, sino solamente si tiene potencial para serlo.

La rentabilidad bruta se obtiene, al **multiplicar el arriendo mensual de la propiedad por 12 meses y dividirlo entre el valor total de la propiedad**.

Por ejemplo, supongamos que el departamento cuesta 100 millones de pesos y podemos arrendarlo en 500 mil pesos mensuales.

$$\frac{500.000 \times 12: 6.000.000}{100.000.000} = 6\ \%$$

Pero, nuevamente, antes de saber para qué sirve ese 6 % podrás decirme:

–Oye, Francisco, pero recuerda que hay vacancias, gastos con corredores, administradoras, reparaciones, y esto puede reducir mucho esa rentabilidad.

Y tienen toda la razón porque, repito, esto es una medida **bruta**, es decir, sin descontar ningún gasto. Sirve, por esto, para tener un primer filtro y aproximarnos a los réditos que podría traernos la inversión.

Acá es fundamental saber de antemano qué porcentaje de rentabilidad deseamos, definir qué es lo que para nosotros sería la ganancia ideal. Si buscábamos este 6% de rentabilidad, estamos muy bien, pero si la fórmula da un porcentaje bajo el 5%, quizás debamos desistir y buscar otra opción.

Y en este paso yo recomiendo utilizar el concepto llamado **descreme**.

Si la propiedad tiene una rentabilidad bruta menor al mínimo deseado (en este caso el 6 %), la eliminamos de la lista; pero si cumple con nuestras expectativas, pasamos a la siguiente fase y sacamos la rentabilidad "más real posible". Así que ahora: ¡a poner los pies en la tierra y hacer los cálculos con números más precisos y cercanos a la realidad!

b) *Cap rate* **(o rentabilida neta)**

Cuando restamos los gastos operativos, costos asociados a la administración, las comisiones, reparaciones, gastos comunes, entre otros, esa rentabilidad seguramente se reduce. De esta manera, el ***cap rate*** neto nos muestra cuánto nos quedaría después de sumar todos los gastos.

Sigamos el ejemplo de una rentabilidad bruta de 6%.

✓ Si la administración de un corredor cuesta un 8% del arriendo anual, y el arriendo es de 6 millones, el gasto en administración sería aproximadamente 480 mil pesos al año.

✓ Supongamos que cada dos años tenemos que hacer reparaciones de todo tipo por unos 300 mil pesos en total. Es decir, consideramos 150 mil pesos anuales.

✓ También sumemos otros gastos menores, por ejemplo, un aseo profundo cada dos años que nos cuesta 60 mil pesos (o 30 mil al año).

✓ Sumemos las cuatro cuotas trimestrales de las contribuciones municipales (que dependen de la ubicación y otros factores). Por ejemplo, unos 400 mil anuales.

✓ Gastos por vacancia (por ejemplo, si en promedio la propiedad no está arrendada durante 15 días en un período de dos años, hay que calcular cuánto representa eso en costos).

Con todos estos números en la mano, hacemos una especie de "sopa de costos y beneficios": sumamos todos los gastos anuales y los restamos a los ingresos anuales por arriendo.

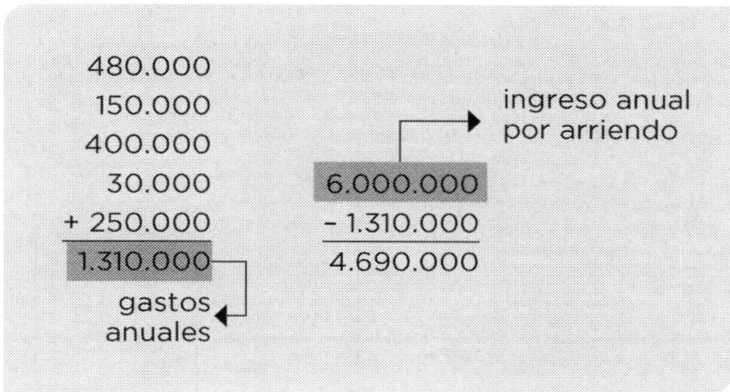

Si los ingresos son 6 millones y los costos totales, en el año, suman aproximadamente 1 millón y trescientos diez mil pesos, el resultado sería una ganancia neta de unos 4 millones setecientos mil pesos. Así, dividimos esa ganancia por el valor de la propiedad (100 millones de pesos), y obtenemos una rentabilidad neta más realista, en este caso, de aproximadamente un 4,7%.

4.690.000 / 100.000.000 = 4,69%

Este ejercicio, aunque nunca será perfecto, nos ayuda a tener una idea mucho más cercana a la realidad. En términos generales, nos permite evaluar si la rentabilidad cumple con nuestras expectativas antes de dar el paso definitivo.

c) **Flujo de caja**

Si ya calculamos nuestra rentabilidad aproximada, ahora es importante que aproximemos cómo será el **flujo de caja** de nuestra propiedad: en otras palabras, cuánto dinero nos quedará en el bolsillo cada mes.

La clave está en evaluar mediante la siguiente fórmula:

> **Ingreso mensual – dividendo + costos asociados***
>
> (*promediar mensualmente los costos anuales de reparaciones, gastos comunes, impuestos, etc.)

Si nos da un costo positivo, ¡genial!, pero si nos da uno negativo, también podría resultar conveniente, porque, en algunos casos, el valor de la propiedad puede aumentar y generar plusvalías en el futuro. En otras palabras, **el flujo de caja es deseable, pero no necesariamente indica que es un buen negocio**. Y esto podemos entenderlo con dos ejemplos.

Supongamos que compramos un terreno en el cual no hacemos nada. No lo arrendamos y, a lo más, lo visita una que otra vaca de vez en cuando. Este terreno tendrá flujo de caja negativo porque todos los años vamos a tener que estar pagando costos, contribuciones. Pero puede ocurrir que ese terreno suba de valor con el tiempo y, después de años, podamos venderlo un 30% o 40% por sobre el precio que lo compramos. ¿Qué ocurre? **No tuvimos flujo de caja positivo, pero igual hicimos un buen negocio.**

Otro ejemplo: supongamos que compramos una propiedad con crédito, pusimos el 10% y lo restante lo apalancamos con un banco. La podemos arrendar en 500 mil pesos y el dividendo queda en el mismo valor. Tenemos un flujo de caja cero, pero pasa el tiempo y vendemos la propiedad en 120 millones. Ganamos 20 millones y solamente pusimos 10. Es decir, tuvimos un 200% sobre la inversión.

Nuevamente: tenemos un flujo de caja cero, pero hicimos un buen negocio.

d) ROI

Llamamos ROI (sigla en inglés) al **retorno sobre la inversión**, uno de los indicadores más importantes a la hora de determinar la rentabilidad. Indica qué tan rentable fue realmente nuestra inversión, o en simple, **cuánto ganamod en total en relación con lo que pusimos de nuestro bolsillo**. Esto, por supuesto, considerando todo el proceso y no solo el arriendo o el valor de mercado.

Insistamos en el ejemplo de la propiedad que compramos por 100 millones de pesos, pero aportamos solo los 10 millones de inversión inicial (el pie más gastos, etc.).

Después de cinco años, esa propiedad aumentó su valor y la vendimos en 120 millones, o sea, más de 20% de la inversión inicial. Pero, como pagamos unos 2 millones en comisión por la venta, en realidad nos quedaron 18 millones de ganancia neta.

Ahora bien, comparado con nuestra inversión inicial de 10 millones, ¡el retorno fue casi del 100% en esos años! Con esa inversión, casi duplicamos el dinero en poco tiempo.

Algo muy imporante:

Si utilizamos apalancamiento o crédito hipotecario, los resultados pueden ser aún mejores. Imaginemos que, sin apalancamiento, hubiéramos invertido 100 millones al contado y, al venderlo en 120 millones, hubiésemos obtenido un 20% de ganancia en cinco años.

En cambio, si utilizamos apalancamiento y solo pusimos 10 millones, esa misma ganancia en porcentaje puede multiplicarse y nuestros resultados serán mucho más interesantes.

En conclusión, entender todos estos números y cómo se relacionan –el *cap rate*, flujo de caja, ROI– permite tomar **decisiones más informadas y aprovechar mejor los recursos.**

La clave está en tener clara nuestra capacidad de crédito, usarla con responsabilidad e inteligencia, y, poniendo todas las variables sobre la mesa, evaluar si esa inversión realmente nos genera beneficios en el corto y en el largo plazo.

Esta es una lista de algunos de los gastos asociados al crédito hipotecario que debes tener en cuenta:

- Gastos de tasación: entre 2,5 a 5 UF dependiendo del precio de la propiedad.
- Gastos notariales por la tramitación
- Impuesto de timbres y estampillas
- Inscripción en el Conservador de Bienes Raíces
- Estudio de título: Es el análisis que hace un abogado de los antecedentes legales de una propiedad para conocer si cumple con los requisitos para ser traspasada.
- Redacción de la escritura: Este documento es muy importante porque es el contrato de compraventa. Aca van los datos del comprador, los del vendedor, y también las especificaciones de la propiedad que se va a adquirir (como, por ejemplo, el precio de venta y el costo del crédito). Mi consejo es leerla atentamente
- Seguro de desgravamen y de incendio: Ambos son obligatorios y, generalmente, los mismos bancos lo ofrecen junto con el crédito.

4

Riesgos de la inversión inmobiliaria

Si bien a lo largo de este libro hemos hablado –y seguiremos hablando– de las ventajas y conveniencias de esta inversión, es igual de importante conocer los riesgos asociados a todo el proceso. Porque, desde luego, no todo es color de rosa. Es muy importante que entendamos que, como en toda actividad humana o negocio, la inversión de propiedades tiene factores a considerar y, dentro de su seguridad y atractivo, es normal que existan escenarios o contextos poco favorables.

Pero como sabe cualquier inversionista, y, quizás, como en cualquier aspecto de la vida, **tal vez el mayor riesgo siempre será no moverse, no intentarlo, paralizarse por el miedo a equivocarse y nunca salir de la zona de confort**. Por supuesto, una cosa es inmovilizarnos y otra, muy natural, es reconocer el lugar donde nos estamos moviendo y ser conscientes de los vaivenes propios del rubro. **No actuar con temor, sino con un resguardo responsable**. Al final, como en todo negocio, debemos estar muy atentos a las implicancias, abrir los ojos, preguntar, advertir o reclamar cuando nos corresponda.

9 riesgos principales de la inversión inmobiliaria

Riesgos que puedes evitar antes de comprar

1 Escoger una mala ubicación
2 Mala calidad o materialidad del inmueble
3 Inmobiliaria deficiente o incumplidora
4 No estimar bien la demanda de arriendo

Riesgos que pueden surgir en el camino

5 Imprevistos en el período entre la promesa y la escritura
6 Obra detenida o inconclusa
7 Crédito hipotecario no otorgado
8 Arrendatario impago
9 No conocer los costos ocultos e impuestos

1. Mala ubicación

Como revisamos en el capítulo 2, el concepto más importante es encontrar una ubicación ventajosa y llena de potencial futuro. Es, a corto y largo plazo, el factor más determinante para que una propiedad tenga un buen valor.

En Santiago, una buena ubicación está relacionada a la cercanía de las **estaciones del metro**: en concreto, de 1 a 1,5 kilómetros de una estación sería considerado un "sector *hot*" (menos de quince minutos caminando entre la propiedad y la estación). Mientras que, en regiones, puede aplicarse la pregunta "**¿A cuántos minutos estamos de los diferentes servicios, como centros de estudio, supermercados, sitios de interés y turísticos como la playa o parques nacionales?**". La respuesta debería ser entre 5 a 15 minutos caminando.

Es posible estudiar el crecimiento que ha tenido la comuna en sitios como la Biblioteca del Congreso Nacional

Uno de los factores a considerar en ciudades densificadas son las áreas verdes. Y una manera de "prever" o comprar en una zona que llegue a tener plazas y parques en un futuro cercano, es buscar lugares donde existan obras gubernamentales aprobadas para su construcción. Para ello es útil revisar futuras estaciones de metro, permisos de edificación otorgados en el lugar, y cercanía con sectores ya desarrollados (parte de esta información se puede encontrar en el sitio web del Instituto Nacional de Estadisticas, INE).

Hagamos el ejercicio de revisar indicadores de crecimientos demográfico. El año pasado, el gobierno anunció la construcción de la nueva línea 8 del metro de Santiago que viene a reforzar la conectividad de la comuna de Macul, considerada, según algunos portales inmobiliarios, como un sector interesante para invertir.

Según el censo 2017, su población era de 116.534 personas. En 2024, este número aumentó a 123.800, es decir, creció en un 6,2 %. Este dato es relevante porque este porcentaje de variación es mayor que el del promedio de la Región Metropolitana (4 %) y del país (5,2 %). Es decir, es una comuna que crece a un ritmo mucho más acelerado que la media.

Población total			
Unidad territorial	Censo 2017	Censo 2024	Variación (%)
Comuna de Macul	116.534	123.800	6,2
Reg. Metropolitana	7.112.808	7.400.741	4,0
País	17.574.003	18.480.432	5,2

Fuente: Biblioteca del Congreso Nacional de Chile.

Ahora echémosle un vistazo a los grupos etarios y la migración dentro de la comuna.

Al analizar la distribución por grupos de edad, debemos fijar nuestra atención en aquellos segmentos más jóvenes, particularmente entre los 15 a 29 años, y entre los 30 a 44 años. El primer grupo corresponde a jóvenes que recién están independizándose, mientras que el segundo apunta más a familias jóvenes que buscan establecerse e iniciar un nuevo estilo de vida.

Población por grupos de edad					
Edad	Población por grupos de edad		% de la población por edad Censo 2024		
	Censo 2017	Censo 2024	Comuna	Región	País
0-14	19.497	17.981	14,5	17,3	17,7
15-29	26.616	24.778	20	21,6	21
30-44	25.429	31.612	25,5	23,9	22,8
45-64	27.864	29.503	23,8	24,1	24,5
65-más	17.128	19.926	16,1	13,2	14
Total	116.534	123.800	100	100	100

Fuente: Biblioteca del Congreso Nacional de Chile.

Macul tiene una población mayoritariamente joven, con 24.778 personas entre 15 y 29 años, y 31.612 entre 30 a 44 años. Si sumamos ambos datos, estos dos segmentos son más grandes que los grupos de mayores de 45 años, lo que demuestra que es una comuna con una población "nueva". Si se compara con los promedios de la Región Metropolitana y del país, Macul mantiene un ritmo de crecimiento prácticamente equivalente, aunque con una composición etaria que refuerza su carácter joven.

Población nacida fuera del país			
Unidad territorial	Población censada	Nacidos fuera del país	(%)
Comuna de Macul	123.800	17.497	14,1
Reg. Metropolitana	7.400.741	964.835	13,0
País	17.574.003	1.608.650	8,7

Fuente: Biblioteca del Congreso Nacional de Chile.

Por otro lado, la población nacida fuera del país ha tenido un aumento considerable. En 2017 había cerca de 6.500 migrantes viviendo en la comuna. Y en 2024, este número creció a casi 17.500. Es decir, ¡11 mil personas más en apenas 7 años!

En comparación a la media de la Región Metropolitana y el país, Macul una vez más tiene una variación superior.

¿Vale la pena invertir en Macul? Obviamente falta sumar algunos datos a esta sopa de información, como el acceso a servicios y áreas verdes, para tirarse a la piscina. Ir a conocer el barrio, proyectarlo a futuro. Lo importante es siempre, antes de invertir, informarnos lo mejor posible, revisando datos como este que acabamos de ver, y chequeando nuestra realidad económica.

2. Mala calidad material del inmueble

Cuando compras un inmueble, debes fijarte en la relación entre el precio y la calidad para evitar problemas futuros. ¿Los materiales son concordantes con el precio del inmueble? Una forma de asegurarte es revisar las garantías y si cumplen los detalles técnicos ofrecidos en la preventa. Por ejemplo: qué tipo de materiales emplean en las paredes, pisos, ventanas, puertas, griferías. Y nuevamente, lo mejor sería acercarse a los departamentos de la misma constructora ya terminados (que ofrezcan terminaciones similares) y proyectar nuestro espacio.

Las terminaciones o acabados finales de un departamento son fundamentales para su durabilidad y estética. Por eso es importante que te tomes el tiempo de revisarlos al visitar un departamento. Recuerda que comprar una propiedad muy barata con malas terminaciones puede parecer una buena oferta, pero, en el largo plazo, solo traerá problemas y costos adicionales.

Estos son algunos consejos para evaluar la calidad material del inmueble. Sin embargo, el uso constante dará el veredicto final:

✓ **Muros y pinturas**: ¿Hay fisuras? Lo recomendable es pasar la mano por cada uno de los muros para ver que no haya humedad.

✓ **Cocina**: ¿Los muebles instalados cierran bien? ¿Prende sin problemas la cocina?

✓ **Puertas**: ¿Cierran bien? ¿Los marcos están bien instalados? Recordemos que las chapas y seguros deben funcionar tanto desde afuera como desde adentro.

✓ **Ventanas**: Es importante abrir y cerrar las ventanas para verificar que estas no se salen ni se quedan atascadas en los rieles. ¿Los perfiles de las ventanas están bien adheridos a la pared?

✓ **Instalación eléctrica**: Todos los enchufes deberían funcionar correctamente, al igual que los plafones de luz.

✓ **Techos**: La pintura debiese estar totalmente homogénea.

✓ **Pasos de agua**: Siempre abrir las llaves de agua y mirar el flujo: ¿sale bien?, ¿se estanca el agua?, ¿hay goteras en los desagües? También es recomendable revisar si la cadena del baño como el estanque funcionan bien.

✓ **Pisos**: El piso no puede tener fisuras y debe estar nivelado. Por ejemplo, es clave llevar una botella con agua, acostarla en el suelo y ver si esta rueda o no. Si el piso es de vitrocerámica, hay que chequear que esté bien pegado y no hueco.

✓ **Metros cuadrados**: Es fundamental medir los espacios y revisar que corresponda a lo que te ofrecen.

3. Mala calidad de la inmobiliaria

Siempre aconsejo investigar cuántos edificios ha construido la inmobiliaria, cuánto tiempo llevan en el rubro, quiénes son los dueños, en qué otros proyectos están involucrados, cuál es su reputación como empresa en todos los ámbitos.

Es importante corroborar si han entregado sus proyectos a tiempo, si acostumbran a demorarse o cumplen regularmente. Por eso recomiendo buscar en portales de consumidor si tienen algún reclamo frecuente o atendible. Solo investigando, podremos verificar si estamos en manos de profesionales responsables.

También recomiendo empecinadamente **estudiar a la constructora:** muchas veces, la inmobiliaria puede ser solo un intermediario y no una empresa dedicada a la construcción. Por eso es muy importante entender quién está detrás de la obra e investigar lo mismo que en el ítem anterior (¿es una constructora con años de experiencia?, ¿cuántos proyectos tienen entregados?), pero, sobre todo, visitar obras terminadas, revisar reseñas y buscar antecedentes para asegurarse de que la edificación esté en manos confiables y experimentadas.

4. Demandas de arriendo y ocupante

Antes de comprar, hay que evaluar si la propiedad es viable para arrendar: no basta con que esté en una "buena ubicación", en un buen sector de la ciudad, sino también se debe investigar si hay demanda en esa zona. Esto no siempre es correspondiente.

¿Cuánto tiempo permanecen vacíos los departamentos similares?

Es clave revisar portales inmobiliarios, e investigar, durante un periodo de tiempo, cuántos departamentos están en arriendo y cuánto se demoran en ocuparse. Y, por supuesto, lo que nunca falla: caminar por el barrio, conocer edificios cercanos, hablar con los conserjes, etc. Este es un paso sencillo y parece inútil, pero fundamental.

Por otro lado, nuevamente recomiendo revisar el crecimiento demográfico del sector y tener luces de si existirá una demanda incipiente de nuevos arrendatarios.

5. Imprevistos en el período entre la promesa y la escritura

Cuando firmamos una promesa de compraventa en blanco o en verde (ver capítulo 6), nos comprometemos, literalmente, a comprarle la propiedad a la inmobiliaria cuando esté terminada. Esta promesa es para que las inmobiliarias disminuyan sus propios riesgos y, por esto, aplican multas altas por incumplimiento durante el período de construcción.

En ese momento, comenzamos a pagar el pie en cuotas (normalmente, desde que comienza la construcción hasta que termina la obra) y, de este modo, especulamos que nos otorgarán el crédito hipotecario y tendremos el dinero para comprarla. Pero, como todo en la vida, no hay certezas absolutas y corremos ciertos riesgos: quizás nos quedemos cesantes en el camino, o tengamos algún imprevisto vital que nos impida seguir pagando las cuotas.

¿Y qué pasa si no queremos o no podemos continuar el proceso? La verdad, muchas veces salir es complejo e implica grandes sanciones. A veces, cuando tenemos una enfermedad, un accidente o algo grave, algunas inmobiliarias te permiten salir y solo cubrir los costos de la promesa, pero no siempre es así. **¿Cuál es una de las formas de mitigar este riesgo? Entrar en una inmobiliaria que permita la cesión bajo condiciones acordadas, o que haya garantías en caso de cesantía.**

En resumen, es muy importante revisar que existan claras cláusulas de salida con condiciones que sean favorables para ti y para la inmobiliaria. En caso de que no las tenga, finalmente es decisión personal, sobre todo al ver una oportunidad buena y tener la visión de poder afrontar el compromiso.

6. ¿Qué pasa si un departamento en construcción se demora más de lo prometido o no se termina?

Este es uno de los riesgos más comunes y, a veces, más preocupantes en el mundo inmobiliario, especialmente cuando compras en etapas tempranas, en lo que llamamos "en blanco" o en proceso de construcción. **Imagina que pagaste un porcentaje del valor de tu departamento, quizás con los ahorros de toda tu vida, y en el camino la constructora quiebra o la obra se detiene por distintas razones operacionales.** ¿Qué sucede en ese escenario? ¿Pierdes todo tu dinero? ¿Te devuelven solo una parte? ¿Se retrasa la entrega? Son dudas razonables que pueden quitarnos el entusiasmo a la hora de invertir en una propiedad.

Para reducir este riesgo, una opción recomendable es comprar en una etapa más avanzada, cuando el departamento esté listo para entregarse (nuevamente, en el capítulo 6 veremos a fondo las etapas de la edificación). Sin embargo, esta opción suele tener un precio más alto.

En Chile, por ley, las inmobiliarias están obligadas a tener un seguro de compraventa en verde. De este modo, si la construcción no se cumple en los debidos plazos, la póliza de garantía responde por la inmobiliaria.

¿Qué debemos hacer en este caso?

1) Debemos asegurarnos de que la póliza cubra todo el pie.

2) Debemos tener claro cuándo se cumple el plazo para exigir la póliza.

¿Quieres un consejo?

No es necesario precipitarse. Si se ha elegido un buen proyecto, un buen inmueble, pero está demorado, no siempre es apropiado salirse. Es mejor analizarlo con calma y no dejarse llevar por la frustración.

En una obra siempre puede haber retrasos de todo tipo, pero si el precio inicial que acordaste es conveniente y ya no se repetirá, mi consejo es mantenerse en la inversión. Esperar y no perder la oportunidad.

7. Que no nos den el crédito hipotecario

Cuando compramos en etapas tempranas, puede suceder que –al momento de la entrega y después de pagar el pie– no puedas acceder a las condiciones crediticias que esperábamos. Por esto, siempre es recomendable analizar nuestra situación laboral o patrimonial, y comprar con un margen de seguridad: es decir, que el valor de la propiedad sea inferior a lo que podríamos financiar con nuestra capacidad actual. No hay que olvidar que las condiciones de crédito cambian con el tiempo, y lo que hace un año era abordable, en el presente puede no serlo tanto.

Para esto, además, sería pertinente tener una preaprobación bancaria, la cual no es una garantía de éxito, pero sí un buen indicador. Y por supuesto, es muy importante mantener una sanidad financiera los meses antes de la aprobación formal en la escrituración.

> **Si nos endeudamos o tenemos malos comportamientos financieros, pueden negarnos el crédito o entregarnos condiciones de financiamiento diferentes a lo que se esperaba.**

8. ¿Qué pasa si el arrendatario no paga?

Uno de los mayores miedos de los inversionistas es que el arrendatario no pague el arriendo. Sin embargo, los datos demuestran que esto es muy poco frecuente, porque el no pago (distinto a la morosidad o el atraso) es menor al 1% o 2%. Para minimizar aún más este riesgo, es importante hacer un buen estudio previo del potencial arrendatario y verificar que cuente con garantías e ingresos sólidos. Pero lo inteligente es no alarmarse ni ponerse en el peor de los casos.

Para evitar este problema, lo mejor es trabajar con profesionales o empresas de administración que sean confiables y tengan buenos estándares para buscar arrendatarios adecuados. Pero si se decide no hacerlo para ahorrar ese gasto extra, recomiendo aprender sobre corretaje y administración inmobiliaria, y solicitar los documentos necesarios –como liquidaciones de sueldo y antecedentes laborales– para asegurar la elección de un buen arrendatario y evitar dolores de cabeza.

En la app Lesity se encuentran todos los documentos y recomendaciones para asegurar un buen arrendatario.

9. Costos ocultos y los impuestos

A la hora de invertir en una propiedad, regularmente estudiamos los montos señalados en los portales inmobiliarios, pagamos lo que corresponde, pero de repente pasa el tiempo y notamos que las cifras finales aumentaron con costos que no teníamos contemplados: costos que siempre estuvieron ahí, pero que, quizás, no supimos o no quisimos considerar.

- ✓ **Reajuste de UF**: Entre el momento en que compramos el departamento y el momento de la entrega, puede haber pasado un buen tiempo y, por supuesto, la UF ya ha aumentado y tenemos que pagar esa diferencia. Si no consideramos este cálculo, este monto extra puede ser bastante alto y sorprendernos.
- ✓ **Costos operacionales**: Aunque paguemos todo el pie adelantado, debemos considerar gastos como la tasación para el crédito, impuestos notariales (que pueden ser casi un millón de pesos en una propiedad de 100 millones), y otros gastos administrativos y de puesta en marcha del edificio (como sueldos de conserjes, mantenciones, etc).
- ✓ **Contribuciones**: La propiedad también tiene un impuesto territorial, el cual suele rondar el 1% de su valor. Se puede pagar en cuatro cuotas al año y en la página web del SII es posible conocer su valor.
- ✓ **Mantenciones**: Por supuesto, la propiedad requiere cuidado, reparaciones y revisiones periódicas. La verdad es que mantener la propiedad en buenas condiciones (como si fuera un auto), nos evitará gastos mayores en el futuro. Es fundamental detectar

y solucionar problemas domésticos antes de que se vuelvan costosos.

Otros riesgos:

a) **Liquidez no inmediata**

A la hora de invertir nuestro dinero en propiedades debemos tener en cuenta algo que parece obvio, pero, a la hora de las emergencias, puede implicarnos muchísimos inconvenientes. Si necesitamos dinero "ahora ya", una propiedad no se puede vender de un día para otro, ni siquiera en una semana. A diferencia de otras inversiones como los fondos bancarios –que sí pueden retornar la liquidez en días o semanas–, vender una propiedad implica tiempos bancarios y notariales que no podemos controlar.

Por lo tanto, yo nunca recomiendo tener todo nuestro dinero invertido en propiedades porque si tenemos un apuro específico, no podemos echar mano inmediata a nuestro patrimonio. Así, la clave para gestionar riesgos está en la diversificación. Es decir, y como nos decían nuestros padres y abuelos, ¡no hay que poner todos los huevos en la misma canasta! Invertir en bienes raíces debe ser solo una parte de nuestro portafolio.

También es importante tener ahorros de emergencia, inversiones a largo plazo en otros instrumentos, o fondos que se puedan utilizar en caso de imprevistos.

Además, si la industria inmobiliaria está deprimida, puede ser complejo vender y sacarle un precio razonable. Y, lamentablemente, muchas veces la forma de salir rápido y obtener liquidez es castigando el precio, incluso en algunos casos por debajo del valor que la compraron.

Aunque no exista un panorama favorable en la inversión inmobiliaria, en el largo plazo las realidades se estabilizan y regulan naturalmente. Así, podemos decir que los bienes raíces serán una inversión creciente, estable y duradera, y, a diferencia de otras inversiones, implica ser dueño de un lugar físico (sí, el célebre espacio donde "caerse muerto"), no volátil.

b) Refinanciar una propiedad con otra

A la hora de adquirir una propiedad, uno de los mecanismos que puede resultarnos conveniente es el refinanciamiento. Este proceso consiste en solicitar un nuevo crédito respaldado por nuestra vivienda o, en otras palabras, poner nuestra propiedad como garantía. Es una estrategia que puede ser útil, porque nos da un capital extra, pero también implica ciertos riesgos: al hacerlo, básicamente estamos endeudándonos y, si no lo manejamos con cuidado, esa deuda puede afectar nuestro flujo de caja y estabilidad financiera.

Y quizás, por un mal cálculo, podemos quedarnos con una deuda que será difícil solventar mes a mes. Aunque hayamos ganado plata porque al refinanciar la propiedad nos quedamos con 30 millones para el bolsillo, es posible que ese crédito hipotecario de 500 mil mensual, ahora se haya convertido en una deuda de 700 mil. Y si ya gastamos en otra cosa esos 30 millones (quizás incluso compramos otra propiedad), cuando volvamos a la normalidad nos daremos cuenta de que necesitamos 200 mil más todos los meses.

c) Burbujas inmobiliarias

Como en cualquier inversión, por supuesto que existen tiempos de crisis, y en los principales mercados del mundo hemos conocido las famosas burbujas inmobiliarias. Entendemos este fenómeno como **un aumento sostenido e insostenible en los precios de los inmuebles, un incremento que suele ser impulsado por una sobredemanda y una fuerte especulación en el mercado**.

La burbuja más conocida en los últimos tiempos fue la norteamericana, que explotó en 2008. En esta un factor clave fue el concepto de la "deuda cero": muchas personas compraban propiedades financiadas 100% por los bancos, sin poner ni un peso de su propio dinero. Esto es muy peligroso, porque si los precios suben y no tenemos nada invertido, ¿qué perdemos si dejamos de pagar? La respuesta es nada, ya que la propiedad está a nombre del banco y, si no cumplimos con la hipoteca, sencillamente el banco nos la quita y no perdemos patrimonio personal.

Ahora bien, en Chile la historia es diferente. En nuestro país los bancos exigen condiciones mucho más estrictas. Por lo general, solo se logra obtener hasta un 80-90% del financiamiento y, a veces, hay que negociar mucho para alcanzar ese porcentaje. En Chile, además, el sistema financiero se ha cuidado bastante y las condiciones crediticias son más conservadoras.

d) Crisis sociales, políticas y sanitarias

Durante los últimos años, varios factores incidieron en el alza de precios en Chile. De partida, la inclusión del IVA inmobiliario elevó los precios de un 12% a un 16% y, además, existieron otros cambios en leyes de suelo, normativas laborales y de financiamiento.

Hoy estamos en un periodo inmobiliario más o menos deprimido. Y entre los puntos a considerar, debemos recordar que Chile vivió un estallido social que generó un remezón en todo el mercado y, a los pocos meses, llegó la pandemia del COVID-19 con todas sus implicancias políticas y sanitarias. **Y, por si fuera poco, en nuestro caso, convergieron las tensiones del estallido y la pandemia, y ocurrieron los retiros previsionales.** ¡Ahora sí que tuvimos un mercado estresado!

Si en Chile podían otorgarse créditos de largo plazo y a baja tasa, se debía en gran medida a un mercado de capitales ordenado, o al menos sin muchos revuelos. Pero cuando llegaron estos retiros previsionales (independiente de si uno los considera acertados o inconvenientes), **se generó un escenario de inestabilidad e incertidumbre que remeció a nuestro sistema financiero**. Para entender este contexto, pensemos que los bancos tienen préstamos y bonos otorgados a muy largo plazo (por ejemplo, a 30 años) y, ante esta eventualidad, tuvieron que salir a liquidarlos. Si tocamos una plata que estaba destinada para moverse en 5, 15 o 25 años, implica que los bancos tuvieron que salir a vender capitales más baratos y, en este escenario, guardar dinero y buscar una manera de bajar sus riesgos. Por supuesto, una de las formas de cuidarse fue dar menos acceso al crédito, tasas más altas y a menos años.

Respecto del escenario de pandemia, en tanto, los precios inmobiliarios se vieron afectados a nivel mundial porque subieron los materiales de construcción y, además, había pocos navíos y los envíos se tornaron muy costosos. Era muy difícil conseguir materias primas y, en la misma línea, los metales y fletes subieron de valor.

Ahora bien, dentro del panorama desfavorable, tanto los retiros previsionales como la pandemia dejaron en la industria algunos "veranitos de San Juan".

Con los retiros en la mano, muchas personas aprovecharon su liquidez y fueron a comprar departamentos porque las tasas todavía no estaban tan altas. Y cuando la pandemia estaba más o menos por terminar, muchas personas también salieron a comprar casas para tener un jardín y olvidarse de la experiencia del encierro.

5

¿Cómo me preparo para comprar una propiedad?

Dependiendo de nuestros objetivos, hay aspectos clave que son universales y tienen que ver con nuestra situación financiera. Antes de lanzarnos a este océano, es importante hacer una honesta evaluación personal: ¿qué puedo realmente comprar? Previo a conversar con *brokers* o inmobiliarias, debemos tener una idea clara de qué tenemos, qué buscar, qué estamos dispuestos a considerar. Y aquí lo primero y más importante es analizar nuestro ahorro y capacidad de endeudamiento. ¿Por qué? El ahorro dirá si estamos en condiciones de comprar algo y de qué manera podemos invertir ese dinero.

La capacidad de ahorro mensual es fundamental. ¿Qué pasa si, por ejemplo, compramos un departamento con cuotas mensuales? Debemos asegurarnos de poder pagar esas cuotas, incluso en momentos difíciles (por ejemplo, cuando el arriendo se demora en pagarse). Porque, ¿qué pasa si no podemos ahorrar mensualmente? Por supuesto, debemos ser realistas. Si nos damos cuenta de que no podemos ahorrar nada, entonces no estamos preparados para invertir en una propiedad.

Aunque existen mecanismos como el bono de pie o préstamos en cuotas, si no tenemos un respaldo en ahorros, nos exponemos a riesgos muy altos. Por ejemplo, si asumimos que el dividendo se pagará solo con el arriendo, no hay que olvidar que el mercado cambia, que los contextos a veces se alteran (recordemos los últimos cinco años en Chile) y es normal que existan imprevistos de todo tipo.

- **¿Pero cuánto deberíamos ahorrar mensualmente?**

  Supongamos que podemos ahorrar 400 mil pesos al mes. **Lo ideal sería destinar no más de la mitad**, es decir, unos 200 mil pesos para nuestra inversión inmobiliaria. El resto conviene mantenerlo en otros instrumentos de inversión y tener un dinero para imprevistos.

  La verdad, tener un fondo ahorrado, literalmente, abrirá muchas más puertas.

  Podremos elegir propiedades en mejores ubicaciones, en etapas más tempranas o en proyectos que aún no están terminados. Además, nos dará mayor seguridad para afrontar imprevistos y nos ayudará a negociar mejores condiciones.

- **¿Y qué porcentaje de nuestro ingreso deberíamos destinar a pagar la cuota de inversión?**

  Yo siempre recomiendo que el valor del dividendo no supere un **10% o un 20% del ingreso mensual.**

Y si estamos complicados para cubrir ese monto mensual, podemos calcularlo y advertirlo antes de comprar, así reducir el apalancamiento: pagar un mayor pie y tomar un menor crédito. En vez del 90% financiado, podemos optar por un 80% y pagar un poco más ahora para, después, tener menos deuda y cuotas más abordables.

- **¿Cómo calcular nuestra capacidad de crédito?**

Estudiar, calcular y entender cuánto nos prestará el banco nos dará una base para planificar nuestra inversión. En general los bancos tienen una regla bastante clara: nos prestan una cantidad de dinero cuyo pago mensual –el dividendo– **no supere, aproximadamente, el 25% de nuestros ingresos**.

Veámoslo con un ejemplo. Si gano un millón de pesos al mes, el banco me dará un crédito hipotecario en el que el dividendo mensual no pase de unos 250 mil pesos. Esa es la situación más común y, en la mayoría de los casos, funciona así.

La lógica detrás de esto es sencilla y tiene sentido: si pago un dividendo que representa el 25% de mi ingreso, todavía me queda el **75% para mis gastos, ahorros y vida diaria**. Los bancos quieren asegurarse de que pueda pagar sin problemas y que las cuotas no me agobien ni alteren mi tranquilidad. Por supuesto que la salud mental y financiera es fundamental para cumplir con los compromisos bancarios.

Sin embargo, hay que tener en cuenta que, en la práctica, la cantidad precisa que me presten dependerá de otros factores, como mi historial crediticio, estabilidad laboral, deudas existentes y antecedentes financieros.

- **¿Por qué es tan relevante saber cuánto nos prestarán?**

Porque si tenemos claro el monto, podremos enfocar la búsqueda en propiedades que estén dentro de ese rango, realizar una búsqueda inteligente y ajustada a nuestra capacidad. Si sabemos que nos aprobarán 3,000 UF, no tiene sentido que gastemos tiempo, energía, e ilusiones y sueños en buscar propiedades de 4,500 UF.

- **Ahora bien, ¿cómo podemos saber cuánto nos prestarán?**

  Tenemos dos caminos bastante abordables. Podemos llamar a un *broker*, a una inmobiliaria o un ejecutivo bancario, y realizar una simulación en vivo; o bien meternos al sitio web de un banco o inmobiliaria, ingresar nuestros datos y recibir una simulación inmediata (generalmente por 20, 25 y 30 años).

  Rápidamente el sistema nos aproximará un monto en base a nuestros ahorros para el pie, ingresos, antecedentes y situación laboral actual.

  Tal como comenté en mi libro *Peras e inversiones*, las instituciones financieras que otorgan créditos hipotecarios son los bancos, las cooperativas y las mutuarias (aunque en Chile solo existen créditos hipotecarios en Coopeuch). Lo importante es siempre verificar que estén reguladas por la Comisión para el Mercado Financiero (CMF).

Como todo en la vida, cada institución tiene sus ventajas y desventajas, acá les comparto algunas de ellas:

Institución	Ventajas	Desventajas
Banco	Podemos prepagar un 10% del valor de la propiedad.	En general, las tasas y condiciones comerciales son menos convenientes si no abres una cuenta corriente con el banco. Los gastos de seguros son más altos que en mutuarias.
Mutuarias	Ofrecen el crédito flexible: posibilidad de adelantar tres cuotas mensuales, sin pagar el interés adicional. Al estar ligadas al sistema de seguro, no reflejan su deuda en el sistema financiero, por lo tanto, nosotros tampoco nos veremos como deudores si tomamos un crédito con ellos.	Tienen tasas de interés más altas que los bancos. Los gastos en seguros son más baratos.

Para simular un crédito hipotecario, recomiendo utilizar el Simulador de Crédito Hipotecario del CMF. En él se puede encontrar información actualizada, con bancos aprobados por dicha institución. Ahora, ojo: de momento las mutuarias no aparecen en el simulador porque, tal como vimos en el recuadro anterior, al estar ligadas al sistema de seguro, su deuda no aparece en el sistema financiero. Pero esto debiese cambiar el año 2026 con la ley de Consolidación de Deudas, que permitirá que todos los créditos de Chile estén transparentados y actualizados.

Simulador de Crédito Hipotecario CMF

Otra opción es ComparaOnline, una plataforma que, tal como dice su nombre, compara distintos productos financieros. También tiene información al día de las distintas instituciones financieras, y está vigilada por la CMF.

Simulador de Crédito Hipotecario ComparaOnline

6

¿Existe una etapa de la construcción del edificio más conveniente a la hora de invertir?

Cuando empezamos a mirar proyectos inmobiliarios, nos encontramos con diferentes fases en las que podemos comprar. Entender estas etapas no solo ayuda a tomar una decisión más informada, sino, también, a aprovechar mejor las oportunidades y gestionar los riesgos. Las principales etapas que se suelen distinguir en la construcción de un edificio son **blanco**, **verde** y **entrega inmediata**.

Cada una tiene sus particularidades, ventajas y peligros, y cada inversor o comprador debe evaluar cuál le conviene más según sus objetivos, su presupuesto y su nivel de tolerancia al riesgo.

1

Venta en blanco

Imaginemos que tenemos en frente un terreno y la empresa constructora o inmobiliaria dueña de este ya tiene todos los permisos en regla, pero todavía no empieza a construir. En el espacio solo veremos un hoyo y alguna que otra máquina. Comprar en blanco significa adquirir un proyecto antes de que ni siquiera hayan puesto la primera piedra.

¿Cuál es el atractivo de esa etapa?

La principal ventaja es que, generalmente, en esta fase los precios son más bajos. La inmobiliaria busca vender en blanco para reunir fondos iniciales, que suelen ser entre un 20% y un 30% del valor total, para poder gestionar los créditos con bancos y empezar la obra.

Si compramos en esa etapa, además, tenemos la posibilidad de escoger la unidad, la ubicación dentro del edificio, el piso exacto donde queremos estar. Por otro lado, en esta fase los pagos suelen hacerse en cuotas y muchas veces en un período largo, como 60 días o más.

¿Cuáles serían los riesgos?

Uno podría ser que la construcción se retrase, o en casos extremos, que la inmobiliaria enfrente problemas y no termine la obra.

El otro factor puede ser la espera que, a ratos, resulta desmotivante: entre la compra y la entrega pueden pasar dos o tres años, y por esto mismo las condiciones de nuestras situaciones personales o bancarias pueden cambiar.

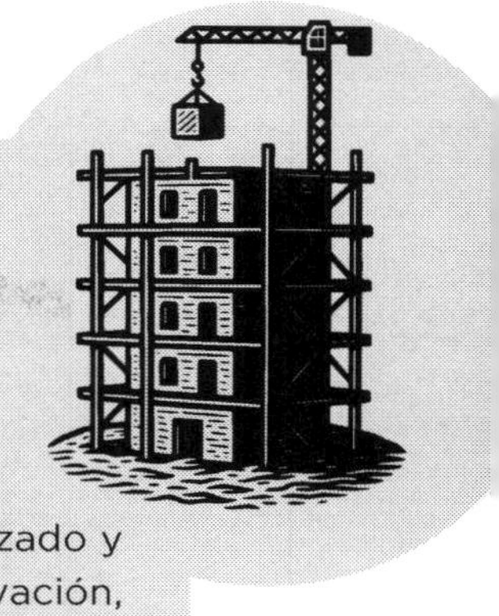

2

Venta en verde

Esta compra sucede cuando la obra ya ha comenzado y podemos ver los movimientos en terreno: la excavación, los cimientos y la estructura básica están en marcha. Las cosas existen, el edificio crece. Tiene su esqueleto y su columna vertebral.

La principal ventaja de comprar en verde es que, al estar en marcha, los riesgos de que la obra no se termine disminuyen notablemente y, si todo sigue su curso, en unos meses tendremos la propiedad terminada. A la vez, seguimos con la oportunidad de elegir con más rango nuestro espacio, porque seguirán existiendo unidades disponibles.

Los riesgos son menores que en la etapa en blanco, y los imprevistos tienen que ver, generalmente, con la demora en la entrega. La obra puede dilatarse por finalizaciones lentas, descoordinaciones con la constructora, permisos municipales y, en algunos casos, hallazgos arqueológicos.

Para la venta en verde, es fundamental solicitar y revisar la póliza de garantía: un documento que asegura que, si la inmobiliaria incumple, nos devolverán en su totalidad los pagos que hayamos realizado en el pie de la propiedad.

Este respaldo lo emite una aseguradora y es un elemento clave para proteger nuestra inversión.

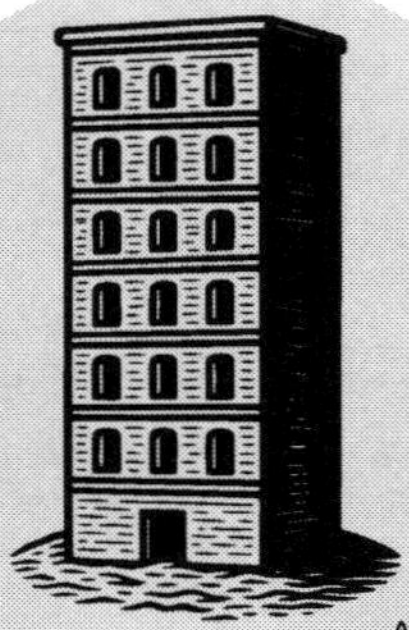

3

Entrega inmediata

Aquí la diferencia es clara: el edificio ya está terminado o en su última etapa de construcción, y ya podemos escriturar lo necesario. Antes de la entrega, lo recomendable es visitar el departamento, inspeccionar que todo esté en orden y que las terminaciones sean de la calidad prometida.

La principal ventaja aquí es que tenemos la certeza total de lo que estamos adquiriendo. No hay dudas sobre si la obra se terminará o no, ni sobre retrasos o problemas. Pero, claro: debemos considerar que los precios suelen ser más altos que en las etapas anteriores.

No existe una opción mejor que otra.
Todas tienen sus atributos y riesgos.
Lo importante es informarse bien, evaluar prioridades y tomar decisiones con criterio.

Propiedades nuevas vs. usadas

Nuevamente, la verdad es que no existe una opción que sea mejor que otra: **cada una tiene sus virtudes y sus defectos**, y dependerá de lo que el comprador busque a la hora de invertir.

En el mundo de las propiedades usadas, podemos encontrar departamentos más rentables a un buen precio. Aunque existan precios que aumentaron de forma abrupta, hay personas que hace cinco años compraron un departamento que valía la mitad o un 25% menos. ¿Y qué significa esto? Que siempre tenemos margen de negociación. El vendedor en su cabeza tiene el precio al que lo compró y, muchos de ellos, no lo compraron originalmente como negocio (y tampoco pensarán en sacarle el máximo provecho). Por ejemplo, una persona compró un departamento en 1.000 UF y hoy lo vende en 2.000 UF. Seguramente, como comprador podrías negociar comprar su propiedad a 1.500, 1.600, y aún así obtendría réditos.

En el mundo de las propiedades nuevas, en cambio, eso no se podría hacer porque los costos de construcción son distintos: el costo original del terreno ya subió y todos los precios estarán más altos.

¿Pero cuáles son los contras de las propiedades usadas?

Definitivamente, las condiciones comerciales: en este tipo de inversión, casi siempre se requiere tener el capital, el crédito hipotecario resuelto o pagar al contado. Para las propiedades usadas, además, no existen muchos beneficios tributarios como para las propiedades nuevas (ver capítulo 10).

En mi caso, yo he optado por invertir en propiedades nuevas porque busco tener una inversión de corto plazo y menos preocupaciones: todo está nuevo y funcionando, y, además, cuento con garantías y beneficios tributarios para aprovechar la inversión al máximo, y, si necesito o estimo hacerlo, vender lo antes posible. **Para comprar propiedades usadas, en tanto, debería destinar mucho tiempo a la búsqueda y estar dispuesto a desembolsar recursos en su remodelación o habilitación.**

7

¿Puedo negociar la propiedad y obtener descuentos en la preventa?

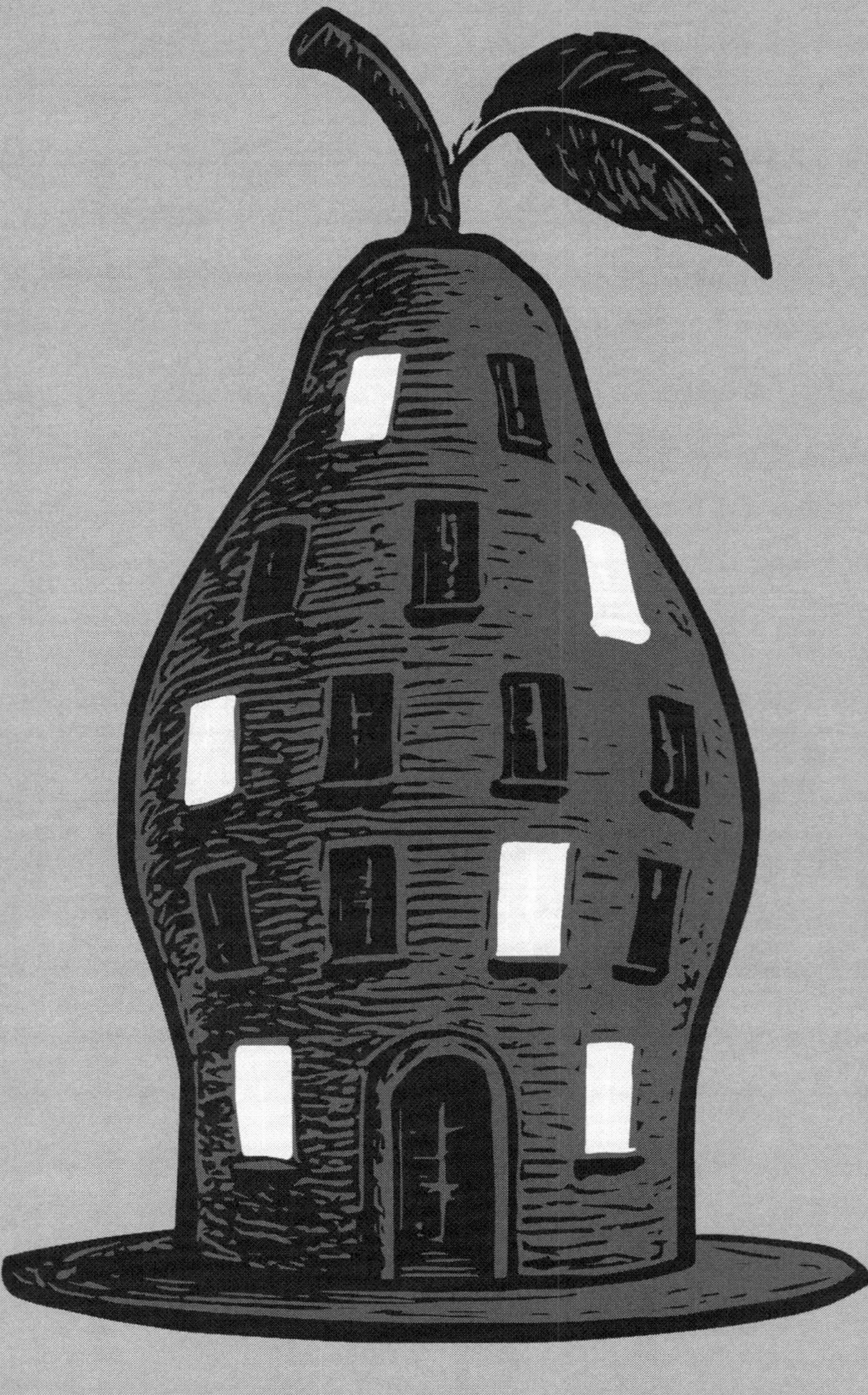

Me lo han preguntado muchas veces: "Francisco, ¿tenemos opciones de negociar el valor de la propiedad que nos interesa? ¿Podemos lograr mejores precios que los dados por el vendedor en la sala de ventas o en el portal inmobiliario?".

Hay algunas inmobiliarias que ponen los llamados "**precios de lista**" (precios en pizarra o precios de tarifa), y esto sería como el precio que a ellos les gustaría obtener en una venta. En otras palabras, es el precio que haría bailar a la inmobiliaria de felicidad porque sería el máximo que podrían cobrar si todo se vendiera a ese valor.

Pero, en realidad, lo habitual es que nadie venda ni compre exactamente al precio de lista. La mayoría de quienes conocen el mercado inmobiliario, siempre intentarán hacer alguna negociación. Y como todo en la vida, **la negociación es una cadena de valor que involucra distintas estrategias y elementos**. Dependerá mucho de cómo la abordamos, de qué estamos dispuestos a ofrecer y qué podemos obtener a cambio. Siempre es un baile entre dos partes.

Al respecto, una estrategia clave será siempre tener ahorros previos. La diferencia entre negociar con o sin ahorros es enorme. Si tenemos un pie de entrada, podemos ofrecer pagar parte del valor al contado o incluso el total; en cambio, si solo dependemos de las cuotas que nos otorga la inmobiliaria (y no tenemos dinero para aportar), estaremos claramente en desventaja.

Otra variable importante es el estado en el que se encuentra la propiedad. Cuando compramos en blanco, la inmobiliaria puede adelantar el pie, reducir su endeudamiento bancario y usar ese dinero para financiar el proyecto. Por eso, muchas veces están dispuestos a hacer un descuento financiero por ese aporte de capital propio. En cambio, si estamos comprando en entrega inmediata, la situación es diferente: en pocos meses, la inmobiliaria recibe el pago total del proyecto, así que el beneficio por nuestro adelanto es menor y, por lo tanto, más difícil negociar un descuento.

No debemos sentirnos mal por negociar, es parte del proceso y, muchas veces, la diferencia entre pagar más o menos puede estar en una simple estrategia de *marketing*, o en pequeños márgenes que ellos guardan para cerrar negocios. Las inmobiliarias, regularmente, dejan un margen de negociación porque saben que los clientes valoran sentir que lograron un buen trato.

¿Qué es lo recomendable para conseguir mejores precios?

1. **Cotizar en diferentes proyectos**

   Siempre recomiendo escoger dos departamentos de distintas inmobiliarias –de condiciones similares y barrios cercanos– y cotizarlos por separado. Si una inmobiliaria A ofrece un departamento en 100 millones y otra inmobiliaria B –en la misma zona, con la misma calidad de materiales– ofrece uno en 80 millones, tenemos un argumento para negociarle un precio a la inmobiliaria A.

   Podemos decirle: "He visto una propiedad con características muy similares acá cerca por 80 millones, ¿qué podemos hacer para acercarnos a ese valor?".

   No siempre podremos llegar exactamente al precio que deseamos, pero sí podemos obtener una rebaja significativa. La clave está en siempre buscar el último precio. Como dirían los viejos inversores, siempre hay un último precio que podemos obtener después de algunos intentos.

Lo más importante no es el porcentaje de descuento, sino el último precio (el precio final).

Por ejemplo, si comparamos dos propiedades en iguales condiciones y una tiene un precio de 2.000 UF con un 10% de descuento, y la otra, 2.400 UF con un 30% de descuento, la de 2.000 UF, tal vez, sigue siendo una mejor opción.

2. La negociación colectiva

Cuando un comprador tiene personas de confianza que también se encuentran buscando propiedades, yo recomiendo coordinarse, juntar fuerzas y acercarse a la inmobiliaria para ofertar una compra colectiva. Imaginemos que una inmobiliaria vende en promedio cuatro o cinco departamentos al mes; si ofrecemos comprarle dos o tres en el mismo día: ¡merecemos un descuento considerable porque le estamos haciendo un gran favor! Le estamos ahorrando mucho trabajo.

¿Pero en cuánto suelen rondar los descuentos en el mercado inmobiliario?

Generalmente los descuentos van desde un 2% hasta un 4%, pero incluso pueden llegar a un 10%.

Mucho cuidado.

Recomiendo revisar que los precios ofrecidos sean iguales a los que aparecen en los diferentes portales inmobiliarios y en el sitio de la misma inmobiliaria. Comparar en ambos lados nos dará una idea clara de cuál es el valor real de mercado y nos ayudará a detectar si hay descuentos legítimos o ilegítimos.

En mi experiencia, cuando aparecen descuentos del 20% o 30%, la mayoría de esas cifras vienen con sobreprecios, es decir, infladas para señalar un descuento inventado (como en las peores prácticas de los *cyber days*).

3. Negociación con *brokers* inmobiliarios o vendedores colectivos

Los *brokers* son mediadores entre las inmobiliarias y los compradores. Tienen el conocimiento y la preparación para facilitar la compra y la venta de propiedades, e idealmente, ofrecen asesoramiento especializado en todas las áreas de este mercado. Ellos suelen tener márgenes para negociar.

Muchas veces, comprar a través de un intermediario puede traer ventajas que no tendríamos si compramos directo. Algunos intermediarios —especialmente los más serios, experimentados y con respaldo de una institución— pueden gestionar negociaciones beneficiosas o condiciones especiales: un mayor número de cuotas para pagar el pie, beneficios adicionales en caso de salida de emergencia, cláusulas que nos protejen si necesitamos cancelar o modificar la compra, etc.

En algunos casos, los *brokers* pueden facilitar condiciones más flexibles o descuentos que, en la práctica, equivalen a obtener un mejor precio. Es decir, si durante el proceso de compra surge un problema o imprevisto, el intermediario puede activar cláusulas específicas para evitar multas o penalizaciones por incumplimiento.

Personalmente, cuando estaba a cargo de la experiencia del cliente en una inmobiliaria, aprendí que si logramos vender más del 20% de un edificio podemos velar mucho mejor por nuestros clientes. Imaginemos que tenemos un cliente, Juanito Pérez, con un problema o inconformidad con el proceso de compraventa. Como intermediario o inmobiliaria responsable, podemos decir: "Mira, Juanito, si te ayudamos a salir del problema y además logramos destrabar y venderte nuevamente ese departamento, todos ganamos". El intermediario, de esta forma, puede beneficiarse, pero también cuidar la relación con el cliente y mantener su reputación.

Ojo que, por supuesto, todo dependerá de quién sea el intermediario. En la industria inmobiliaria, lamentablemente, no existe un *ranking* oficial ni un sistema de medición universal. La industria todavía funciona, a ratos, como el "lejano Oeste", donde cada uno hace lo que puede y hay prácticas buenas y otras no tanto.

Por todo esto, mi consejo siempre es hacer el ejercicio de cotizar con distintos intermediarios y revisar sus antecedentes, trayectorias y reputación. ¿Cómo están catalogados? ¿Cuántas ventas han realizado? ¿Cuántos clientes han escriturado? ¿Qué comentarios positivos y reclamos tienen? ¿De qué naturaleza son los reclamos?

En definitiva, la negociación en la compra de una propiedad no solo pasa por el precio, sino también por entender las ventajas y beneficios que te puede ofrecer cada intermediario: evaluar concienzudamente quién puede brindar mayor respaldo y seguridad en todo el proceso.

¿Es recomendable asistir a los lanzamientos de proyectos inmobiliarios?

Los lanzamientos son eventos o reuniones, por lo general, organizados por la inmobiliaria. Es una instancia donde presentan las particularidades de un proyecto y, a veces, es posible recorrerlo en vivo o virtualmente. Yo recomiendo asistir si se tiene el dinero en el momento, o la aprobación bancaria del crédito; en otras palabras, si pudiera comprarme hoy un departamento, el lanzamiento es una buena oportunidad para ofertar.

WARNINGS DE MÍSTER ESTAFÍN

- **Ofrecen un terreno sin rol propio**: ¡Primer banderín rojo! Muchas veces esta modalidad cae en fraudes. Por eso hay que tener mucho cuidado y fijarnos si la persona que nos lo ofrece tiene basta experiencia en la industria y está realmente en proceso de sacar el rol propio de algún terreno nuevo que quiere vender de forma muy temprana, y que tiene, en general, compradores que ya han trabajdo con ella anteriormente. Si no, es probable que se trate de una estafa.

- **Accesibilidad vs. factibilidad de agua y luz**: Si bien no es una estafa, tener factibilidad significa que depende de nosotros y de los vecinos poder hacer la conexión a estos servicios. Esto, por supuesto, incide en el precio, es decir, yo estoy dispuesto a comprar más barato un terreno y ver por mi cuenta los costos de hacer un pozo de agua, etc. ¿Cuál es el problema? Si compramos un terreno con factibilidad, por ejemplo, en un condominio con 200 parcelas, ¿tendremos la capacidad de ponernos de acuerdo con 200 vecinos para hacer el empalme eléctrico?, ¿podemos hacer un pozo propio para tener agua?

- **Venta de terreno vs. venta de derechos de uso de terreno**: Esto quiere decir que en lugar de vendernos un terreno, nos venden el derecho de explotarlo bajo ciertas condiciones. Si bien, siempre existen personas que lo logran hacer de forma correcta, por lo general, uno ve muchos fraudes en este ítem.

Propiedad residencial

- **Ofrecen rentabilidad garantizada**: Nadie puede vender la garantía de éxito en una industria donde eso no existe, donde todo tiene riesgo y un grado de aventura. Por supuesto, uno puede prever ciertas cosas, pero garantías no existen.
- **El vendedor o vendedora no habla con números**: Al visitar el departamento, o conversar de la cotización, no nos entrega datos tales como la renta promedio, la plusvalía de los últimos años, etc. Es decir, toda aquella información fundamental para que podamos sacar cuentas y tomar decisiones.
- **Bono pie descriteriado**: ¿Qué significa? El bono pie es un mecanismo que utilizan las inmobiliarias para inflar los precios y así las personas puedan financiar al 100% la vivienda. Ojo, si vemos un anuncio con un bono pie del 20%, por ejemplo, hay que tener cuidado. ¿Es realmente una propiedad tan barata que se le puede hacer un aumento de ese monto? ¿Cuánto va a ser el dividendo con el que quedaré? ¿Estoy dispuesto a pagar ese dividendo por esa propiedad?

8

Entendamos el paso a paso de la compra: ¿En qué nos involucramos?

Hagamos el ejercicio de recorrer el paso a paso de la compra de un inmueble. Vamos estación por estación, y detengámonos en cada etapa para entenderla mejor y realizar comparaciones más informadas.

1) **La cotización**

Pensemos esta etapa como la confección de un presupuesto preliminar, un mapa de posibilidades reales, una ficha técnica. La cotización es, en esencia, una estimación formal de los costos, características y condiciones de esa casa o departamento que nos interesa.

Es un documento que nos entrega la inmobiliaria después de hacernos algunas preguntas generales. Principalmente son cuadros completos y claros: incluyen detalles como el precio de la unidad, los posibles descuentos, los beneficios extras, las características específicas del inmueble, la información sobre la inmobiliaria.

Como primera aproximación, la cotización permitirá mirar y comparar distintos proyectos, diversas condiciones, y ver cuál se ajusta mejor a lo que necesitamos. Muchas inmobiliarias o *brokers* ofrecen ejemplos de cotizaciones para que podamos entender mejor cómo ellos estructuran sus ofertas y todos los detalles implicados.

Una buena cotización nos orienta, minimiza riesgos y nos permite avanzar con mayor claridad.

PROYECTO: **ORIGEN ATACAMA**

Cotización N° Q336442
03/10/2025

Norte Verde: Modelo C (ORI) Blanco

Dirección: Atacama 3008, Santiago
Unidad: 322 / 1 Dormitorio / 1 Baño / Sup. útil 25,24 m^2
Orientación: P / Terraza: 2,79 m^2

El stock está sujeto a la confirmación de la Inmobiliaria y este podría verse modificado.

RESUMEN DE COMPRA

Detalle	**Monto UF**	**Monto CLP**
Unidad 322	2.876 UF	$ 113.544.145
Estacionamiento	UF	$
Bodega	UF	$
Pack	UF	$
Extra	UF	$
Descuento 14%	- 403 UF	$ - 15.896.180
Total	**2.473 UF**	**$ 97.647.965**

Forma de pago

Concepto	**%**	**Monto UF**	**Monto CLP**
Pie Total	15,00%	371 UF	$ 14.647.202
Aporte Inmobiliaria	%	UF	$
Pie a Pagar	15,00%	371 UF	$ 14.647.202
Abono Cliente	%	UF	$
Cuotón inicial	2,00%	49 UF	$ 1.952.960
Cuotas pre-entrega (62 de $ 202.956)	12,90%	319 UF	$ 12.594.343
Cuotón Final	%	UF	$
Reserva	**0,10%**	**3 UF**	**$ 100.000**
HIPOTECARIO	**85,00 %**	**2.102 UF**	**$ 83.000.811**
TOTAL	100%	2.473 UF	$ 97.648.012

Revisemos juntos la cotización de este departamento de 2.876 UF y apliquemos los conceptos que hemos aprendido hasta ahora.

- En el **Resumen de la Compra** vemos que la persona que cotizó consiguió un **14 % de descuento**, por lo que el valor del departamento baja a casi 2.500 UF.
- En cuanto a la **forma de pago**, la inmobiliaria indica que el comprador debe aportar un **15 % del precio como pie**, es decir, 371 UF. Dentro de este monto aparece el conocido "cuotón", que en este caso equivale a 49 UF. Tal como aprendimos, se trata de un pago que puede realizarse por transferencia, cheque o tarjeta de crédito.
- También vemos las cuotas **pre-entrega**, que en este ejemplo son 62 cuotas de poco más de 200 mil pesos cada una.
- Además, la persona hizo una **reserva pagando 100 mil pesos**, los cuales se abonan al valor total del departamento. ¡Ese dinero no se pierde!
- El 85 % restante será financiado mediante el **crédito hipotecario** que se solicite a la entidad financiera.

Ojo, la superficie total no es lo mismo que la superficie útil. Muchas veces cometemos el error de creer que la superficie total corresponde únicamente a los espacios interiores, pero en realidad es un cálculo más específico que puede variar según el método de medición, pues considera un porcentaje de terrazas o logias, dependiendo de si estos espacios pueden integrarse al interior del departamento o no.

2) La reserva

La reserva es un compromiso de intención más serio: indica que realmente estamos interesados en una propiedad en particular. Es una estrategia que ayuda a los compradores a garantizar que esa propiedad esté guardada para ellos mientras terminan de resolver otros asuntos, como la evaluación de financiamiento, la revisión del proyecto, o simplemente la comparación con otras opciones.

Cuando hacemos una reserva, estamos bloqueando la unidad para nosotros: durante ese lapso, la inmobiliaria no la puede vender a otra persona mientras terminamos de evaluar todos los aspectos necesarios.

Vale recodar, sí, que la reserva es solo un acuerdo preliminar, no una transacción definitiva. Está respaldada por un comprobante que confirma el interés del comprador y, en algunos casos, requiere un pago inicial según el proyecto.

La principal recomendación es conocer las condiciones establecidas por la inmobiliaria o *broker*, como el costo de la reserva, las multas o penalizaciones por desistimiento, y qué sucedería en caso de arrepentimiento. Generalmente, muchas inmobiliarias permiten la devolución del monto depositado si el comprador decide no continuar, siempre y cuando no incumpla ciertos acuerdos. En algunos casos, pagar una multa permite cancelar la reserva y liberar la unidad.

Actualmente, ha subido la tasa de desistimiento, a veces llegando incluso al 50%. Esto se debe, por supuesto, a cambios en las situaciones financieras personales, dificultades de financiamiento, o dudas sobre la inversión. Por esto, la tendencia en la industria, especialmente desde 2020, es ser más flexible y menos estricta en aplicar multas, favoreciendo, así, la confianza y transparencia en el preacuerdo. En el pasado, en cambio, las multas eran comunes para proteger a las inmobiliarias de pérdidas, pero hoy muchas consideran que imponer sanciones estrictas puede ser contraproducente y dañar la reputación. La práctica actual favorece acuerdos de intención sin penalizaciones severas, siempre y cuando se cumplan ciertos compromisos básicos.

La reserva suele implicar un pago inicial que se descuenta del valor total del pie de la propiedad. Por ejemplo, si el pie total es de 10 millones y la reserva cuesta 500 mil, esa cantidad se deduce del monto que posteriormente debe pagarse. De esta forma, podemos decir que no es un dinero que se pierde, sino una parte que se resta del monto total.

3) La promesa de compraventa

En palabras simples, la promesa de compraventa es el compromiso legal entre comprador y vendedor. Aunque en algunos casos puede firmarse de forma virtual, generalmente se realiza en una notaría. Este documento refleja las condiciones acordadas en la promesa, incluyendo detalles del inmueble, condiciones de pago, fechas y cláusulas específicas, y suele incorporar información sobre financiamiento si se obtiene un crédito hipotecario. Esta promesa establece que la inmobiliaria se compromete a entregar el inmueble en las condiciones pactadas, y el comprador se compromete a pagar según lo acordado, incluyendo el monto del pie, el cual puede representar entre el 10% y 20% del valor total.

La promesa de compraventa es el documento donde se pactan claramente las reglas y se garantizan los derechos y las obligaciones de ambas partes en todo el proceso de compra.

¿A qué debemos prestar especial atención a la hora de firmar una promesa de compraventa?

Si bien siempre debemos leer con calma y paciencia este documento, acá te dejo algunos puntos que te recomiendo revisar con lupa:

PROMESA DE COMPRAVENTA

KEVIN ROBERT CASTRO SILVA

A

INMOBILIARIA VICUÑA VISTA SpA

(Vicuña Mackenna 2189 Depto. 808)

En Santiago de Chile, a 25 de junio de 2025, entre la sociedad [redacted], rol único tributario [redacted] representada por don José Antonio Santolaya Galarza, chileno, casado, ingeniero civil, cédula de identidad N° 8.532.206-0, ambos domiciliados para estos efectos en calle Padre Mariano N° 181, piso 5, comuna de Providencia, Región Metropolitana, en adelante la "Promitente Vendedora", por una parte, y don [redacted], soltero, chileno, kinesiólogo, cédula de identidad [redacted] domiciliado en [redacted], comuna de Conchalí, Región Metropolitana, por la otra parte, en adelante el "Promitente Comprador", mayores de edad, se ha convenido en el siguiente contrato de promesa de compraventa.

PRIMERO: **UNO)** [redacted] es dueña del **Lote número A Dos**, ubicado en Avenida Vicuña Mackenna número dos mil ciento ochenta y nueve, de la comuna de San Joaquín, Rol de Avalúo número ciento uno guion once, conforme al plano archivado bajo el número ocho mil ciento sesenta y siete en el Conservador de Bienes Raíces de San Miguel, de una superficie aproximada de tres mil setecientos sesenta y uno coma setenta y siete metros cuadrados, que se encuentra dentro del polígonos R-Q-P-O-Ñ-N-E-S-R, y que deslinda: Al Norte, y al Nororiente, en tramo curvo S-E de noventa y ocho metros sesenta y nueve centímetros con Avenida Vicuña Mackenna; al Norponiente, en tramo N-E de cincuenta y cuatro metros setenta y tres centímetros con calle Santa María; al Poniente, en tramo Q-P de treinta y cuatro metros setenta centímetros con parte del Lote A Uno; al Oriente, en tramo R-S de trece metros cuarenta centímetros con Avenida Vicuña Mackenna; al Sur, en tramo R-Q de treinta y tres metros veintinueve centímetros y en tramo O-Ñ de treinta y un metros veintidós centímetros, ambos con Lote A Uno; y al Surponiente, en tramo P-O de once metros setenta y siete centímetros con Lote A Uno y en tramo Ñ-N de quince metros con área afecta a utilidad pública del Lote A Uno. Lo adquirió por compra que hizo a la sociedad VIÑA CASAL DE GORCHS S.A., según consta de escritura pública otorgada en la Notaría de Santiago de Juan Ricardo San Martín Urrejola, con fecha seis de julio de dos mil veintiuno, repertorio notarial número diecisiete mil cuatrocientos noventa y siete. El título de dominio se encuentra inscrito a fojas trece mil setecientas treinta y dos número doce mil doscientos cuarenta del Registro de Propiedad del Conservador de Bienes Raíces de San Miguel correspondiente al año dos mil veintiuno.

DOS) Mediante Resolución número cero cinco/ MOD.DES. /dos mil veintidós de fecha catorce de noviembre de dos mil veintidós, la Dirección de Obras de la Ilustre Municipalidad de San Joaquín aprobó una modificación de deslindes respecto del inmueble singularizado en el número UNO) precedente, de acuerdo a la cual, así como del plano que se archivó conjuntamente con dicha

1

- Es crucial revisar cuidadosamente los datos personales y del inmueble, asegurarnos de que que toda la información esté correcta y referenciada de manera clara.

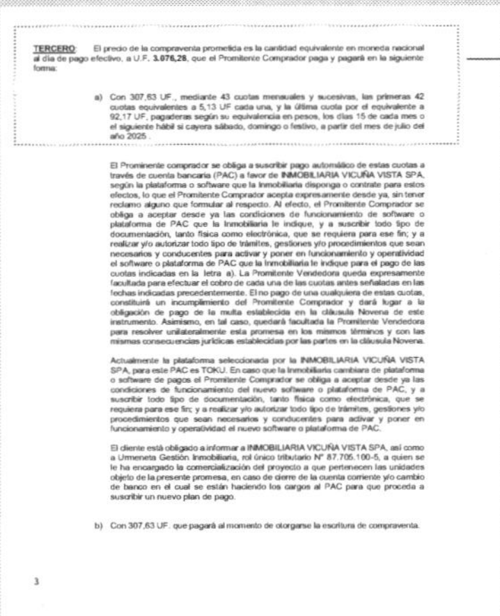

TERCERO: El precio de la compraventa prometida es la cantidad equivalente en moneda nacional al día de pago efectivo, a U.F. **3.076,28**, que el Promitente Comprador paga y pagará en la siguiente forma:

a) Con 307,63 UF., mediante 43 cuotas mensuales y sucesivas, las primeras 42 cuotas equivalentes a 5,13 UF cada una, y la última cuota por el equivalente a 92,17 UF, pagaderas según su equivalencia en pesos, los días 15 de cada mes o el siguiente hábil si cayera sábado, domingo o festivo, a partir del mes de julio del año 2025 .

El Prominente comprador se obliga a suscribir pago automático de estas cuotas a través de cuenta bancaria (PAC) a favor de **INMOBILIARIA VICUÑA VISTA SPA**, según la plataforma o software que la Inmobiliaria disponga o contrate para estos efectos, lo que el Promitente Comprador acepta expresamente desde ya, sin tener reclamo alguno que formular al respecto. Al efecto, el Promitente Comprador se obliga a aceptar desde ya las condiciones de funcionamiento de software o plataforma de PAC que la Inmobiliaria le indique, y a suscribir todo tipo de documentación, tanto física como electrónica, que se requiera para ese fin; y a realizar y/o autorizar todo tipo de trámites, gestiones y/o procedimientos que sean necesarios y conducentes para activar y poner en funcionamiento y operatividad el software o plataforma de PAC que la Inmobiliaria le indique para el pago de las cuotas indicadas en la letra a). La Promitente Vendedora queda expresamente facultada para efectuar el cobro de cada una de las cuotas antes señaladas en las fechas indicadas precedentemente. El no pago de una cualquiera de estas cuotas, constituirá un incumplimiento del Promitente Comprador y dará lugar a la obligación de pago de la multa establecida en la cláusula Novena de este instrumento. Asimismo, en tal caso, quedará facultada la Promitente Vendedora para resolver unilateralmente esta promesa en los mismos términos y con las mismas consecuencias jurídicas establecidas por las partes en la cláusula Novena.

Actualmente la plataforma seleccionada por la **INMOBILIARIA VICUÑA VISTA SPA**, para este PAC es TOKU. En caso que la Inmobiliaria cambiara de plataforma o software de pagos el Promitente Comprador se obliga a aceptar desde ya las condiciones de funcionamiento del nuevo software o plataforma de PAC, y a suscribir todo tipo de documentación, tanto física como electrónica, que se requiera para ese fin; y a realizar y/o autorizar todo tipo de trámites, gestiones y/o procedimientos que sean necesarios y conducentes para activar y poner en funcionamiento y operatividad el nuevo software o plataforma de PAC.

El cliente está obligado a informar a **INMOBILIARIA VICUÑA VISTA SPA**, así como a Urmeneta Gestión Inmobiliaria, rol único tributario N° 87.705.100-5, a quien se le ha encargado la comercialización del proyecto a que pertenecen las unidades objeto de la presente promesa, en caso de cierre de la cuenta corriente y/o cambio de banco en el cual se están haciendo los cargos al PAC para que proceda a suscribir un nuevo plan de pago.

b) Con 307,63 UF. que pagará al momento de otorgarse la escritura de compraventa.

3

- Debe aparecer el monto exacto del bien que están adquiriendo y las condiciones de pago; si será en cuotas (y el precio de cada una), al contado, o con cheques. En caso de haber comprado en UF debe estar indicado si será con ajuste o no.

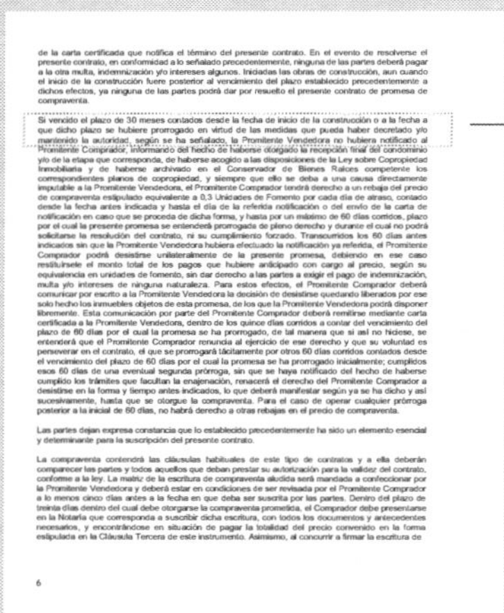

de la carta certificada que notifica el término del presente contrato. En el evento de resolverse el presente contrato, en conformidad a lo señalado precedentemente, ninguna de las partes deberá pagar a la otra multa, indemnización y/o intereses algunos. Iniciadas las obras de construcción, aun cuando el inicio de la construcción fuere posterior al vencimiento del plazo establecido precedentemente a dichos efectos, ya ninguna de las partes podrá dar por resuelto el presente contrato de promesa de compraventa.

Si vencido el plazo de 30 meses contados desde la fecha de inicio de la construcción o a la fecha a que dicho plazo se hubiere prorrogado en virtud de las medidas que pueda haber decretado y/o mantenido la autoridad, según se ha señalado, la Promitente Vendedora no hubiera notificado al Promitente Comprador, informando del hecho de haberse otorgado la recepción final del condominio y/o de la etapa que corresponda, de haberse acogido a las disposiciones de la Ley sobre Copropiedad Inmobiliaria y de haberse archivado en el Conservador de Bienes Raíces competente los correspondientes planos de copropiedad, y siempre que ello se deba a una causa directamente imputable a la Promitente Vendedora, el Promitente Comprador tendrá derecho a un rebaja del precio de compraventa estipulado equivalente a 0,3 Unidades de Fomento por cada día de atraso, contado desde la fecha antes indicada y hasta el día de la referida notificación o del envío de la carta de notificación en caso que se proceda de dicha forma, y hasta por un máximo de 60 días corridos, plazo por el cual la presente promesa se entenderá prorrogada de pleno derecho y durante el cual no podrá solicitarse la resolución del contrato, ni su cumplimiento forzado. Transcurridos los 60 días antes indicados sin que la Promitente Vendedora hubiera efectuado la notificación ya referida, el Promitente Comprador podrá desistirse unilateralmente de la presente promesa, debiendo en ese caso restituírsele el monto total de los pagos que hubiere anticipado con cargo al precio, según su equivalencia en unidades de fomento, sin dar derecho a las partes a exigir el pago de indemnización, multa y/o intereses de ninguna naturaleza. Para estos efectos, el Promitente Comprador deberá comunicar por escrito a la Promitente Vendedora la decisión de desistirse quedando liberados por ese solo hecho los inmuebles objetos de esta promesa, de los que la Promitente Vendedora podrá disponer libremente. Esta comunicación por parte del Promitente Comprador deberá remitirse mediante carta certificada a la Promitente Vendedora, dentro de los quince días corridos a contar del vencimiento del plazo de 60 días por el cual la promesa se ha prorrogado, de tal manera que si así no hiciese, se entenderá que el Promitente Comprador renuncia al ejercicio de ese derecho y que su voluntad es perseverar en el contrato, el que se prorrogará tácitamente por otros 60 días corridos contados desde el vencimiento del plazo de 60 días por el cual la promesa se ha prorrogado inicialmente; cumplidos esos 60 días de una eventual segunda prórroga, sin que se haya notificado del hecho de haberse cumplido los trámites que facultan la enajenación, renacerá el derecho del Promitente Comprador a desistirse en la forma y tiempo antes indicados, lo que deberá manifestar según ya se ha dicho y así sucesivamente, hasta que se otorgue la compraventa. Para el caso de operar cualquier prórroga posterior a la inicial de 60 días, no habrá derecho a otras rebajas en el precio de compraventa.

Las partes dejan expresa constancia que lo establecido precedentemente ha sido un elemento esencial y determinante para la suscripción del presente contrato.

La compraventa contendrá las cláusulas habituales de este tipo de contratos y a ella deberán comparecer las partes y todos aquellos que deban prestar su autorización para la validez del contrato, conforme a la ley. La matriz de la escritura de compraventa aludida será mandada a confeccionar por la Promitente Vendedora y deberá estar en condiciones de ser revisada por el Promitente Comprador a lo menos cinco días antes a la fecha en que deba ser suscrita por las partes. Dentro del plazo de treinta días dentro del cual debe otorgarse la compraventa prometida, el Comprador debe presentarse en la Notaría que corresponda a suscribir dicha escritura, con todos los documentos y antecedentes necesarios, y encontrándose en situación de pagar la totalidad del precio convenido en la forma estipulada en la Cláusula Tercera de este instrumento. Asimismo, al concurrir a firmar la escritura de

6

- Es importante que el documento estipule el plazo máximo de entrega del departamento. ¿Por qué?, porque como la fecha de entrega suele ser más lejana de lo prometida inicialmente, debido a retrasos comunes en permisos municipales y recepciones, es recomendable establecer un plazo claro para definir la póliza de garantía en caso de incumplimiento. Imaginemos que, en la promesa, dice que el plazo de entrega es máximo 30 meses después de iniciada la construcción, pero finalmente la inmobiliaria se atrasa e incumple ese punto. En ese momento, podemos desistir de la compra, y además activar las pólizas de seguro.

compraventa el Promitente Comprador deberá dejar en poder del Notario que la autorice, la póliza de seguro que hubiere recibido de la promitente vendedora para garantizar la parte del precio que hubiera anticipado, con la instrucción de entregarla a la Promitente Vendedora tan pronto la escritura de compraventa hubiere sido firmada por los representantes del Banco que concurra a ella alzando las hipotecas y prohibiciones de gravar y enajenar que se encuentren constituidas en su favor sobre el inmueble en que se ha desarrollado el edificio del que forma parte la unidad objeto de esta promesa o, una vez se acredite con un certificado de Gravámenes y Prohibiciones, que dicho inmueble no se encuentra afecto a dichos gravámenes y prohibiciones, a excepción de servidumbres de cualquier tipo y del reglamento de copropiedad que grave al edificio.

Si el Promitente Comprador fuere a imputar al pago del precio un crédito hipotecario, deberá comunicar a la Promitente Vendedora, con a lo menos treinta de anticipación al plazo indicado en esta misma cláusula, la institución que lo otorgará, acompañando un certificado en que conste la aprobación de dicho crédito; en este caso la matriz de la escritura de compraventa deberá ser redactada y mandada confeccionar por la institución crediticia que corresponda, a la Notaría que ésta designe, lo que se deberá comunicar por escrito a la Promitente Vendedora y quedar en condiciones de ser revisada por ésta a lo menos cinco días antes de la fecha en que deba otorgarse la compraventa según lo expresado en la primera parte de esta cláusula.

NOVENO: La parte que por hecho u omisión que le sea imputable no dé cumplimiento a cualquiera de las obligaciones que le impone el presente contrato, en la forma y dentro de los plazos que al efecto se establecen, y siempre que no se trate del caso particular tratado en la cláusula Octava precedente, el cual contempla un tratamiento especial para las situaciones ahí comprendidas, dará derecho a la otra parte a demandar la resolución de esta promesa más la indemnización que a continuación se indica.

La parte que haya incurrido en el incumplimiento deberá pagar a la primera, a título de indemnización, como cláusula penal compensatoria, una suma igual al equivalente en pesos, moneda nacional corriente, a la fecha de su pago efectivo, al 15% del precio de compraventa pactado, suma en que de común acuerdo fijan los perjuicios irrogados por dicho incumplimiento. En el evento que la incumplidora fuera la Promitente Compradora, a la indemnización señalada deberá descontársele la suma que la Promitente Vendedora recibe en este acto como anticipo de precio de la compraventa prometida o de cualquier otra que de conformidad a este contrato hubiere pagado con anterioridad al otorgamiento de la compraventa, sumas que se imputarán al entero de la multa estipulada. Por su parte, si la incumplidora fuera la Promitente Vendedora, además de la indemnización recién pactada, deberá restituir a la Promitente Compradora la suma recibida como anticipo de precio, debidamente reajustada, de acuerdo a su equivalencia en unidades de fomento.

Asimismo, se deja constancia que ninguna de las partes de la presente promesa caerá en incumplimiento en caso de operar cualquiera de las prórrogas contempladas en la cláusula octava precedente por haberse cumplido las condiciones allí estipuladas, por lo que en dichos casos no será posible demandar la resolución de esta promesa, ni la indemnización de perjuicios antes referida.

DECIMO: La entrega material del inmueble, se efectuará dentro del plazo de 30 días corridos contado desde que se cumplan las siguientes condiciones copulativas:

a) Que la escritura de compraventa se encuentre firmada por el o los compradores y en caso que procediera por su cónyuge, codeudor solidario, o tercero a notificar.
b) Que la cuota contado se encuentre completamente pagada.

7

- Ligado al punto anterior, verificar que exista la cláusula de cesión de promesa, que permitirá ceder la propiedad a otra persona en caso de cualquier inconveniente que no permita seguir adelante con la compra. Así quedarán exentos de pagar la multa de desistimiento porque, justamente, traspasaron la propiedad.

c) Que se encuentren pagados los fondos iniciales exigidos por el Reglamento de Copropiedad del proyecto.
d) Que la escritura de compraventa haya sido revisada y cuente con el visto bueno del abogado de la Inmobiliaria, especialmente tratándose de escrituras redactadas por los Bancos o Instituciones Financieras, que estén financiando la compra.
e) En caso de comprar con subsidio habitacional, se deberá además provisionar la posible diferencia que se produzca entre monto del ahorro efectivo de la libreta de ahorro al momento de su cobro y el monto del ahorro señalado en la escritura de compraventa.

En caso de tratarse de un departamento piloto, este plazo se amplía a 60 días corridos.

DECIMO PRIMERO: Se deja expresa constancia que el promitente comprador podrá ceder el presente contrato de promesa, con todos sus derechos y obligaciones, siempre previa aprobación por escrito por parte de la Promitente Vendedora. Asimismo, se deja expresa constancia que una eventual cesión de la presente promesa, en ningún caso alterará los plazos y condiciones contenidos en ella, por lo que en caso de operar, el cesionario deberá dar pleno cumplimiento a las obligaciones que emanan para la parte Promitente Compradora, dentro de los plazos establecidos al efecto.

DECIMO SEGUNDO: Los gastos que demande la promesa de compraventa y el contrato prometido, tanto por concepto de escrituras, inscripciones, tramitación crediticia, obtención de documentos o cualquier otro, serán de cargo exclusivo del Promitente Comprador.

DECIMO TERCERO: Toda dificultad que se suscite entre las partes, con motivo o en relación con el desistimiento, cumplimiento o incumplimiento de este contrato, su interpretación, aplicación, validez, resolución, o de cualquier materia relacionada con él, será resuelto por un árbitro arbitrador en cuanto al procedimiento y de Derecho en cuanto al fallo, que será designado por el Secretario de la Cámara de Comercio de Santiago A.G., a quien las partes facultan irrevocablemente para efectuar dicha designación, de entre los abogado integrantes del Cuerpo Arbitral del Centro de Mediación y Arbitraje de dicha Cámara. El árbitro designado en la forma antes señalada conocerá y resolverá de acuerdo al procedimiento que acuerden las partes o, a falta de éste, conforme al Reglamento vigente del mencionado Centro. Si por cualquier causa, la designación del árbitro fuere efectuada por la Justicia Ordinaria, el nombramiento deberá recaer necesariamente en un abogado habilitado para el ejercicio de la profesión, quien conocerá como árbitro arbitrador y resolverá como árbitro de derecho.

DECIMO CUARTO: Las obras de construcción y urbanización fueron encargadas a terceros mediante contratos de construcción a suma alzada.

DECIMO QUINTO: Por el presente instrumento, el Promitente Comprador otorga poder especial pero tan amplio como en derecho sea procedente, en carácter de irrevocable por conferirse tanto en interés del mandante como de la mandataria, y obligándose a otorgar el mismo poder al momento de suscribirse la compraventa prometida, a Inmobiliaria Vicuña Vista SpA, para que, en caso de recibirse por etapas las distintas unidades que componen el condominio al que pertenecen las unidades objeto de la presente promesa, y pendiente la recepción de cualquiera de ellas, actuando en representación del Promitente Comprador y/o del Comprador, o de quienes lo sucedan en el dominio de los inmuebles objeto de esta promesa, pueda por medio de sus apoderados ordinarios o especiales, solicitar, tramitar y obtener de la autoridad competente, la modificación del permiso de edificación relativo al condominio, como asimismo la modificación de la resolución que acoge el condominio a la Ley de Copropiedad Inmobiliaria, de los planos a que se refiere dicha Ley, del correspondiente reglamento de copropiedad inmobiliaria, de la declaración de avalúo fiscal de las unidades, del cuadro de prorrateo de gastos comunes, etc., sin necesidad de requerir la autorización de la Asamblea de Copropietarios, ni del Comité de Administración ni de la Administración del Condominio, o en su caso participando en

8

- Revisar las multas y cláusulas de salida por incumplimiento, que tienden a ser la totalidad del pie. En algunos casos, hay multas reducidas, pero por lo general es entre el 10-15 % del valor de la propiedad.

9

Tipos de inversión inmobiliaria: Modelos de negocio y tipos de propiedad

No olvidemos que el mundo de la inversión en bienes raíces es muy amplio y diverso. No solo es posible comprar un departamento o una casa para vivir o arrendar, sino también hay muchas otras formas y productos inmobiliarios que ofrecen distintas oportunidades. Hablemos de estacionamientos, bodegas, locales comerciales, oficinas, terrenos, proyectos colectivos y otras variantes. Cada uno tiene sus especificidades, sus ventajas, sus riesgos, y entenderlos bien nos permitirá escoger la mejor opción según nuestros deseos u objetivos.

Y como siempre advierto en mis plataformas: no existe un gurú absoluto que maneje el universo completo de las inversiones. Nunca nadie maneja todas las cartas del naipe, y los que dicen ser expertos totales, deberían despertarnos la más absoluta desconfianza. Y así como la inversión en departamentos ha significado para mí un largo camino de aprendizaje, hay colegas que se han especializado en otro tipo de propiedades: personas que, después de muchas horas de estudio y experiencia de campo, han conocido las implicancias y variaciones de sus respectivas áreas.

En este capítulo contaré con la experiencia y asesoría de algunos profesionales de primera línea que han tenido la generosidad de compartir sus conocimientos y ayudarnos a encontrar nuestros propios caminos.

a) Estacionamientos y bodegas

A diferencia del mercado residencial, donde hay un amplio número de corredores y administradoras que apoyan en la gestión, en el caso de bodegas y estacionamientos la oferta es mucho más limitada. Comprar un estacionamiento o una bodega en un edificio residencial puede ser muy rentable, pero hay que tener cuidado: debemos revisar el reglamento del edificio o la comunidad. En algunos casos, las normas prohíben arrendar a personas externas o restringen quién puede usar esos espacios.

Por eso, antes de comprar, es fundamental revisar muy bien las condiciones y el lugar, y conocer las reglas del copropietario o del administrador.

b) Renta comercial

La inversión en locales comerciales tiene sus propias características. Se compra un local o un espacio para arrendar a negocios, como tiendas, cafeterías, supermercados o farmacias, lavanderías; y aunque generalmente la renta es mayor que la residencial, pueden existir muchas barreras. Como sabemos, en una propiedad residencial uno puede llegar a obtener entre el 90% y el 80% del valor de la propiedad en crédito hipotecario y a 30 años; mientras que en los locales el pie o entrada suele ser más alto porque a los bancos no les favorece tanto financiar este tipo de propiedades. La mayoría de los créditos en locales comerciales se otorgan solo hasta un 30% del valor y a plazos más cortos (pensemos en unos 15 años). Así, los dividendos tienden a ser más del doble y eso deja fuera a personas sin tanto capital de inversión.

Uno de los factores a considerar es que los locales comerciales en arriendo tienen, por lo general, una alta rotación de arrendatarios. Obviamente no es lo mismo hacer un acuerdo con un supermercado que una empresa joven. Recordemos que en Chile la mayoría de las pequeñas y medianas empresas suelen desaparecer después de cinco años.

Hay dos formas principales en este negocio:

- **Comprar la propiedad con todo el negocio instalado** (lo que llamamos "llave en mano"), donde solo ponemos en arriendo el inmueble sin preocuparnos mucho por la operación.
- **Poner en arriendo un local vacío**, en el que el arrendatario se encarga de montar su negocio.

Para conocer la experiencia de este tipo de inversión, le escribí a mi amigo **Esteban Acevedo** para que nos interiorice en las claves de este mundo.

Esteban es gerente de la consultora GPS Property, considerada una de las mejores plataformas para empresas que requieren soluciones inmobiliarias en las áreas de negocio de oficinas, industrial, comercio, residencial, consultoría, licitación, tasaciones y remate de propiedades.

Hola, Esteban. Muchas gracias por compartir tu conocimiento con nosotros... Según tu experiencia, ¿cuáles son los puntos a tener en cuenta si nos interesa invertir en una propiedad y destinarla a renta comercial?

Hola, Francisco, qué bueno participar de este proyecto. Mira, en general siempre es importante entender y proyectar cuánto va a vender el negocio de nuestros arrendatarios. En otras palabras, adelantarse y, más o menos, saber si tu arrendador va a poder pagarte las rentas. Lo que podemos hacer al respecto, es manejar contratos que incluyan una variable por sus ventas, lo que al final es un *win-win* para ambas partes, un *happy problem* para el locatario. Esta modalidad también puede ser una forma de capturar la plusvalía en un contrato a largo plazo.

Según tu experiencia, ¿cuáles son las condiciones para que a un local le vaya bien y el arrendatario pueda cumplirte con las rentas?

Visibilidad, flujo, acceso. Es muy importante el tema de los accesos y, si está en un stripcenter, cuán amable y ordenado sea. El flujo de las personas, por supuesto, también es un factor muy preponderante. Más que dónde está ubicado, es mucho más valioso un flujo de masa tanto vehicular como peatonal. En ese sentido, por ejemplo, puede funcionar mucho mejor un local en Pajaritos que en Vitacura.

Siempre se dice que lo más importante es la visibilidad del local...

Es que es un punto fundamental. En el caso de los ingresos vehiculares, es importante que los accesos puedan verse desde lejos, que tengan, idealmente, un semáforo en el cruce anterior, de manera que siempre exista una pausa y que el auto no pase rápido y no alcance a frenar y entrar. Si hablamos de un local de ingreso preferentemente peatonal, lo más importante es que esté en una cuadra que acepte un volumen alto de gente caminando.

Así, a fin de cuentas, el local tendrá buenos niveles de venta y te pagará sin problemas sus arriendos, va a cumplir con su contrato y, probablemente, va a estar más disponible a las alzas de renta cuando correspondan.

c) Oficinas

En estos momentos el mercado de oficinas todavía se encuentra en recuperación. Si bien ya no tenemos el escenario de pandemia —donde algunos, incluso, señalaban que el teletrabajo llegaba para quedarse innegablemente—, los rubros comerciales y de servicio de toda índole han vuelto progresivamente a la presencialidad y, la verdad, nada indica que esa tendencia vaya en reversa. Todo lo contrario: quizás ya todos consideran necesario separar el espacio doméstico del laboral.

Por esto podemos decir que las oficinas volvieron a ser espacios solicitados que, en una buena ubicación y bien mantenidas, no debiesen tener mayores problemas de vacancia.

d) ¿Qué es el *flipping*?

El *flipping* consiste en comprar una propiedad en desuso o en mal estado a un precio conveniente, repararla y venderla a un precio mayor. En países como Estados Unidos este método funciona bien porque los bancos evalúan el negocio completo y otorgan créditos sobre propiedades ya valorizadas.

Hagamos un supuesto para entender cómo funciona.

Imaginemos que compramos una propiedad en 100 millones, invertimos 20 millones en arreglos y refacciones, y la vendemos en 150 millones. Ya sacamos 30 de la operación. En Estados Unidos este método se llama *buy, rehab, rent, refinance, repeat* (compra, rehabilita, arrienda, refinancia y repite). Finalmente, este modelo requiere de una mentalidad de inversión a largo plazo, paciencia, y mucho análisis, pero puede ser muy rentable si se termina dominando.

Las claves del *flipping*:

- **Ser muy hábil en la compra: encontrar propiedades baratas, en barrios de proyección o establecidos, y en no tan mal estado para arreglar rápidamente.**
- **Conocer y contar con buenos contratistas o empresas de refacción: hacer las obras en tiempos cortos y con buen control de costos.**
- **Tener un equipo de ventas o corredores que sepan cómo posicionar y vender esas propiedades en buen precio.**

Pero para conocer más de este mundo contacté a mi amigo **Lucas Galán**, quien tuvo la gentileza de compartirnos en qué se diferencia esta inversión de las otras que hemos revisado.

Lucas (en Instagram, @lucasconlucas) es ingeniero comercial, trabajó cuatro años en el área de inversiones de un banco, vivió en Australia y fundó Flipeame, empresa líder en el rubro con un enfoque de gestión 360°. Ellos ofrecen un servicio integral del proceso, es decir, cubren desde la selección del inmueble hasta su remodelación y venta, maximizando el valor y minimizando riesgos para los inversionistas. Según Lucas, para ellos es importante "simplificar la experiencia de inversión, entregando resultados rentables y seguros en un mercado competitivo".

¿Cuál crees que es la mayor ventaja del *flipping*?

Creo que lo más lindo de este negocio es evitar esperar 10 o 15 años para capitalizar. Es un proceso que se puede trabajar durante un año y, muy rápidamente, vender y ganar bastante dinero. Pero, ojo... Aunque es cierto que es un proceso rápido de generación de valor, la verdad es que requiere de mucho más trabajo que otras inversiones inmobiliarias. No es para nada pasivo.

¿Qué recomendarías a una persona que está pensando en atreverse a un *flipping*?

Tener mucho ojo y estudiar muy bien las circunstancias en la etapa inicial. Debemos encontrar una propiedad barata y, por supuesto, negociar bien con un vendedor que, generalmente, está apurado por vender (o tiene una necesidad de liquidar rápido) y está dispuesto a bajarse bastante. Es en ese momento donde podemos sacar una buena ventaja.

Y si ya decidimos comprar esa propiedad y planificar su remodelación, ¿en qué debemos fijarnos en el proceso?

Cuando ya se está en el proceso de diseño y remodelación, recomiendo asesorarse legalmente y entender toda la parte regulatoria de la construcción: qué se puede remodelar, qué se le puede agregar o quitar al inmueble según el barrio.

¿Qué es lo que más te gusta o satisface de tu trabajo?

Estoy convencido de que un buen *flipping* embellece el edificio y puede levantar el barrio. Todo mejora con una construcción refaccionada y bien ajustada al entorno. Directa o indirectamente, mueve la economía, crea empleos, comercio, fortalece la vida de barrio. Además, si lo pensamos, es un proceso ecológico: no tenemos que botar una casa y hacer un hoyo, sino recuperar un espacio que ya existe y que, tal vez, estaba descuidado.

e) *Crowdfunding*

En el *crowdfunding* inmobiliario podemos comprar una propiedad mediante financiamiento colectivo. Es decir, muchas personas se agrupan para invertir y, después, repartir los retornos. La idea es que podamos invertir en proyectos sin tener que comprar la totalidad de una propiedad. Podemos participar con montos pequeños, ya sea comprando fracciones a través de plataformas que están reguladas por la ley fintech, o incluso formando grupos con conocidos.

Si no me alcanza el dinero para comprar una propiedad ni me darán el crédito hipotecario por no cumplir con los requerimientos, quizás sí podría hacerlo si me uno a otras personas que tengan la misma intención. Ahora bien, hay elementos —como en toda inversión— que pueden llevar a fracasos, como sería el caso de no alinearse con el resto de los socios. Tener que ponerse de acuerdo con personas distintas (con diferentes personalidades, culturas y maneras de ver las inversiones) hace que el negocio sea complejo.

Algunas plataformas permiten invertir desde montos muy bajos, como 50 mil o 100 mil pesos. Eso sí, es muy importante analizar bien a quién le estamos prestando o en qué estamos invirtiendo. Siempre hay que pedir información clara, revisar las métricas, y no dejarse llevar solo por las cifras que muestran.

A grandes rasgos operan dos formas de *crowdfunding*:

- **Participar en una SPA** o sociedad que compra un inmueble. Compramos acciones de esa empresa y, en consecuencia, participamos en las ganancias o rentas proporcionales a nuestra participación.
- **Prestar dinero a una inmobiliaria o desarrollador** mediante plataformas que ofrecen préstamos con garantías inmobiliarias. En estos casos, prestamos dinero y, en lugar de comprar un bien, estamos haciendo un préstamo que puede tener altas tasas de retorno, pero también riesgos asociados a la contraparte.

Para entender más de este apasionante mundo, le pedí ayuda a mi amigo **Gonzalo Asenjo**, arquitecto y cofundador de Lares, el primer *crowdfunding* inmobiliario 100% online del país. Uno de los nortes de esta admirable empresa es "disminuir las barreras de entrada y democratizar la inversión inmobiliaria".

¿Qué ventajas crees que tiene el *crowdfunding* en relación a otro tipo de inversiones inmobiliarias?

Creo que el *crowdfunding* permite democratizar el acceso a la inversión. Muchas personas pueden acceder a participar de manera abierta (y transparente) invirtiendo montos menores. Esto, desde luego, a una persona le permite facilitar la diversificación de sus inversiones y, en vez de tener todo su dinero en una propiedad, puede tener un porcentaje invertido acá y el resto en distintas inversiones o instrumentos.

Para quien nunca haya escuchado el concepto, ¿cómo funciona operacionalmente el *crowfunding* inmobiliario?

Las plataformas de *crowdfunding* se encargan de realizar una curaduría y evaluación de oportunidades de inversión, tanto nacionales como internacionales. Estas evaluaciones consideran garantías, plazos, rentabilidades y montos. Si un proyecto cumple con los requisitos, se publica en la plataforma, donde los inversionistas pueden acceder con facilidad. Es importante saber que el interesado puede realizar el proceso de manera 100% online.

¿Desde qué montos podemos tener un *ticket* de participación?

Los *tickets* mínimos suelen ser bajos: algunos, incluso, ofrecen hacerlo desde 100 mil pesos. Como te decía antes, lo importante es facilitar el acceso y poder convertirse en un inversor.

¿Cómo es la estructura legal de esta inversión?

Las inversiones se realizan principalmente a través de sociedades por acciones (SPA) o mediante contratos digitales y *tokens*. En plataformas basadas en SPA, los inversionistas adquieren acciones, convirtiéndose en socios y propietarios parciales del proyecto; esto, por supuesto, otorga mayor respaldo y trazabilidad del activo inmobiliario. En otros casos, los inversionistas adquieren contratos o *tokens* digitales, que representan una participación en el proyecto sin obtener propiedad directa. Ambos modelos permiten diversificar y acceder a proyectos que antes estaban reservados a inversores con *tickets* elevados.

¿A qué tipos de proyectos y retornos podemos acceder?

Los proyectos se agrupan en tres categorías principales:

- La primera es de desarrollo inmobiliario, se financia la construcción de edificios o viviendas, y la rentabilidad proviene de la venta o alquiler de los activos.
- La segunda son proyectos de renta, en que invierten en la compra y arriendo de propiedades con beneficios provenientes del alquiler y la venta futura.
- Y la tercera es el *crowdlending* o préstamos: se financian préstamos a desarrolladores y generan intereses en los plazos pactados.

¿Cuáles serían, a tu juicio, los puntos más atractivos para considerar este tipo de inversión?

En el *crowdfunding* invertimos en activos físicos tangibles, reduciendo, así, el riesgo de pérdida total. También tenemos una alta rentabilidad comparada con inversiones tradicionales y un riesgo relativo bajo.

Por último, una pregunta repetida (y muy hermosa) que me gusta responder...

¿La casa propia es también una inversión?

Muchas personas me preguntan: "¿La casa donde quiero vivir podría considerarla una inversión?". Y la respuesta es que sí: la casa propia también es una inversión, aunque muchos consejeros financieros la demonicen y la consideren solo como un gasto o un pasivo que nos quita dinero. Yo no estoy de acuerdo, en lo absoluto.

En el plano personal yo comparto este sueño con muchas familias chilenas y es una de las metas de mi vida. En cualquier clase social chilena, todos conocemos a alguna persona mayor que nos dice que su vivienda ha sido la mejor inversión que ha hecho en su vida: compró con poco dinero, sin muchos conocimientos financieros, sin ninguna audacia, eligiendo simplemente lo que le acomodaba o podía comprar, y con el tiempo el valor de su casa aumentó exponencialmente. ¿O acaso es poco ser dueño del lugar donde estamos viviendo?

Y puede ser cierto: en comparación con inversiones pensadas solo para rentabilizar dinero, la casa propia puede traernos menos réditos.

Pero lo que no se contempla es que compramos una casa propia por razones diferentes a la inversión. En este caso no buscamos —como con las inversiones— maximizar rentabilidad, diversificar, elegir propiedades con buen retorno, sin tanto énfasis en gustos, sino que compramos con el corazón: buscamos la ubicación que se acomode al proyecto familiar.

Porque no todo en la vida y en el bolsillo se reduce a números: los gustos, la tranquilidad mental y la seguridad también importan muchísimo más. La casa propia, si escogimos bien, nos da paz y estabilidad que no se reflejan solo en un Excel. Hay aspectos emocionales y psicológicos que también debemos valorar, y como sabemos, la tranquilidad no siempre se refleja en los números.

10

Beneficios tributarios de la inversión inmobiliaria

¿Por qué vale la pena conocer estos beneficios?

- DFL2

  El sector inmobiliario ofrece beneficios tributarios que son difíciles de encontrar en otros tipos de inversión. Y el más conocido y celebrado es el DFL2, una norma que establece ventajas para las propiedades de uso habitacional —casas o departamentos— y que cuentan con una superficie construida no mayor a 140 metros cuadrados. En simple, los ingresos que generamos por las propiedades pueden estar libres de pagar ese impuesto.

  Para que tengamos una idea: si normalmente pagamos entre un 20%, 30% o incluso un 40% en impuestos, con el DFL2 ese dinero puede quedarse en tu bolsillo, ¡totalmente exento!

- **Beneficios del DFL2:**

  ✓ Disminución del 50% en el arancel de inscripción en el Conservador de Bienes Raíces.

  ✓ Pago del 0,2% (en lugar del 0,8%) en el impuesto de timbres y estampillas en la primera transferencia.

  ✓ Posibilidad de estar exentos del 50% del pago de las contribuciones durante:

    - 20 años, si la superficie edificada no sobrepasa los 60 metros cuadrados;
    - 15 años, si la superficie excede los 70 metros cuadrados, pero no supera los 100;
    - 10 años, si la superficie es superior a los 100 metros, pero no sobrepasa los 140.

  ✓ Las viviendas beneficiadas por el DFL2 no tienen que pagar impuestos de herencia ni impuestos a la renta.

- **55 bis**

  Otra exención interesante es la conocida como 55 bis, beneficio tributario o descuento legal que el Estado otorga a las personas naturales que están pagando un crédito hipotecario.

  En simple: si tenemos créditos hipotecarios, podemos rebajar lo que pagamos en concepto de intereses en nuestro Impuesto Global Complementario (el impuesto que pagamos sobre nuestras rentas). En la práctica significa que podemos pagar menos impuestos cada año y, en algunos casos, ahorrar suficiente dinero para pagar un dividendo o más.

Eso sí, hay ciertos límites y condiciones, pero para la mayoría de las personas es un beneficio que vale mucho considerar.

Existe un límite de 8.000 UF —equivalente a casi 300 millones de pesos— en ganancias exentas de impuestos, y solo las personas naturales pueden acceder a este beneficio; quedan fuera las empresas, sociedades o personas jurídicas.

Artículo 55 bis de la Ley de la Renta

Personas que pueden acceder a este beneficio:

✓ Personas naturales gravados con el Impuesto Único de Segunda Categoría (trabajadores dependientes).

✓ Personas naturales gravados con el Impuesto Global Complementario (rentas mixtas o independientes).

- **Beneficios del 55 bis:**

✓ Si compramos por 2.000 UF y vendemos por 3.000 UF, habremos ganado 1.000 UF.

✓ Solo pagaríamos 100 UF en impuestos, ¡una cifra bastante abordable!

- **27 bis:**

Para esto, le pedí ayuda a mi amigo **Raúl Cortez** –abogado y gran experto tributario– para que nos responda la pregunta más repetida en este ámbito: ¿cuándo me conviene dejar de invertir como persona natural y convertirme en empresa?

¿Por qué recomendarías informarse de principios tributarios implicados en la inversión inmobiliaria?
Conocer los mecanismos tributarios es fundamental para reducir la carga tributaria durante la acumulación patrimonial. Siempre recomiendo buscar una buena asesoría profesional para así aprovechar los beneficios y planificar las estructuras. La idea, por supuesto, es maximizar el patrimonio y minimizar impuestos a largo plazo.

¿Qué opciones tiene un inversionista que adquiere varias propiedades respecto de su estructura tributaria?
Puede reorganizar su estructura tributaria mediante la apertura de una persona jurídica, como una sociedad, o utilizando la figura de empresario individual. Los trabajadores dependientes, por ejemplo, pagan impuesto global complementario sobre sus rentas (que es progresivo); y si generan rentas adicionales, pueden incrementar su carga tributaria. En cambio, las rentas generadas por inversiones inmobiliarias pueden ser gestionadas para minimizar su impacto tributario mediante estructuras específicas.

¿Qué es el Impuesto de Primera Categoría y quiénes deben pagarlo?
Es un impuesto que pagan las personas jurídicas (como sociedades) por las rentas que generan, especialmente en negocios inmobiliarios. Tiene una tasa del 27%, aplicable si la empresa obtiene utilidad.

¿Qué mecanismos existen para reorganizar el patrimonio inmobiliario en Chile?

Una opción es constituir una sociedad (empresa individual de responsabilidad limitada, sociedad limitada, etc.) y transferir las propiedades a esta, o utilizar la figura del empresario individual. El empresario individual es una ficción tributaria que representa a la persona natural en el mundo fiscal, donde el patrimonio se divide en dos bolsillos: uno para la renta global complementaria (tributando como persona natural) y otro para la renta de primera categoría (tributando a través de la figura del empresario individual).

¿Cuál es la diferencia fundamental entre un empresario individual y una sociedad?

En la figura del empresario individual no hay separación legal del patrimonio, solo una reasignación fiscal. En una sociedad, el patrimonio es de la entidad jurídica, separado de la persona natural. Utilizar la figura del empresario individual permite aprovechar beneficios tributarios, reducir la base imponible y, en la mayoría de los casos, no pagar impuestos durante los primeros años por pérdidas o baja utilidad, facilitando, así, la acumulación de patrimonio.

¿Cuál es el impacto de las tasas impositivas en la estrategia del inversionista?

Mientras más alto sea el ingreso y haya utilidad, mayor será la carga tributaria; pero si no hay utilidad o hay pérdidas, la base imponible puede ser cero, reduciendo o eliminando el impuesto a pagar.

- **Compra a través de persona jurídica**

¿Y qué pasa si queremos avanzar más en nuestras inversiones?

Existe la opción de adquirir propiedades a través de una persona jurídica (como una empresa, SPA, EIRL, etc.); de esta forma, podemos reducir gastos de administración, intereses de créditos, costos de contabilidad, e incluso recuperar el IVA pagado en las compras. Esto es especialmente beneficioso si invertimos en varias propiedades.

Si ya tenemos más de 3 o 4 propiedades, lo recomendable es contar con un asesor tributario que nos ayude a estructurar bien nuestras inversiones para aprovechar al máximo estos beneficios.

Otra ventaja de la figura jurídica es que permite realizar operaciones más agresivas, como comprar varias propiedades con recuperación de IVA o apalancarnos con mayor facilidad, incluso con endeudamiento superior al 25-30% recomendado por la banca. Sin embargo, estas estrategias implican ciertos riesgos, por lo que es fundamental evaluarlos con calma y contar con asesoramiento adecuado antes de lanzarse.

En resumen, el sector inmobiliario ofrece una serie de beneficios tributarios que, si los conocemos y sabemos cómo aprovecharlos, pueden hacer que nuestra inversión sea mucho más rentable y eficiente.

- **Subsidios**

Para conocer esta importante área comercial, le pedí ayuda a mi amigo **Giovanni Prelle**, fundador y director de Portal Inmobiliario usatusubsidio.com, empresa orientada a acercar a las familias chilenas a su primera vivienda.

La idea de esta empresa es entregarles información clara sobre el subsidio habitacional, facilitarles el proceso de postulación al beneficio y la compra de su primera vivienda con subsidio.

Giovanni tiene un gran interés por el *marketing*, la tecnología y la innovación dentro de la industria inmobiliaria. Y respecto de los subsidios, está convencido de que son una "puerta de entrada al bienestar y al patrimonio en Chile".

Hola, Giovanni. Gracias por tu tiempo y generosidad. Comencemos por lo básico: ¿cómo operan los subsidios habitaciones en Chile?, ¿de qué manera lo podríamos entender?

En simple, un subsidio habitacional es un aporte económico que entrega el Estado. Es un aporte que no se devuelve y tiene un objetivo muy claro: que las familias que aún no tienen vivienda propia puedan dar el paso hacia su casa o departamento.

¿Podríamos considerar los subsidios como un mecanismo de inversión?

No. Diría que es una llave de acceso, una oportunidad real de transformar la vida de una familia que, de otra manera, no podría llegar a su vivienda. Ahora bien, lo interesante es que estos subsidios funcionan de distintas maneras según el programa y, por esto, conocerlos bien hace toda la diferencia. Y aunque los programas son distintos, todos exigen constancia, disciplina y buena organización financiera. Esa es la verdadera base.

¿Podrías explicarnos la idea central de cada uno?

Por supuesto. Vamos por parte.

✓ El DS01, para sectores medios, está dirigido a familias que tienen cierta capacidad de ahorro y de crédito. Se combina con el ahorro personal y, en la mayoría de los casos, con un crédito hipotecario. La lógica es que el Estado aporta una parte importante del pie, lo que reduce la barrera de entrada y hace posible comprar antes. Incluso, si la familia logra completar el valor de la vivienda con su ahorro y el subsidio, puede no necesitar crédito.

- ✓ El DS49, en tanto, es un programa diseñado para familias más vulnerables que, muchas veces, no tienen acceso al crédito hipotecario. Aquí la vivienda viene prácticamente financiada en su totalidad por el Estado. Eso significa que las familias pueden acceder a una casa sin endeudarse, lo cual es un cambio radical en sus vidas.
- ✓ El DS19, por su parte, apunta a la integración social y territorial. Es muy relevante porque junta tres actores: el Estado, las inmobiliarias y las constructoras. En los proyectos DS19 hay cupos con subsidio dentro de desarrollos privados. Esto permite que las familias accedan a viviendas nuevas en barrios mejor equipados, con precios más accesibles y condiciones preferenciales. Es un puente concreto entre la política pública y el mercado inmobiliario.
- ✓ El último sería el subsidio de arriendo. Como no siempre se puede comprar de inmediato, para estos casos existe este subsidio que entrega un monto mensual para pagar el arriendo de la vivienda. Es un apoyo transitorio, pensado para dar flexibilidad mientras la familia ahorra y se prepara para postular a la vivienda definitiva.

¿Por qué es tan importante conocerlos?

Porque cada subsidio tiene reglas diferentes: topes en UF, requisitos de ahorro, plazos de postulación y condiciones de uso. Muchas familias postulan sin informarse bien y, al final, pierden tiempo, energía y oportunidades... Si tú entiendes cómo funcionan y cuál corresponde a tu situación, puedes planificar mejor tu camino a la vivienda propia. Y eso, en un país como Chile, es fundamental porque la vivienda es la base de la estabilidad financiera y emocional de cualquier familia.

¿Qué consejos prácticos les darías a las familias que necesitan un subsidio?

Voy a compartir las cinco consideraciones que, según mi experiencia, las personas deberían comprender para planificar sus postulaciones.

- ✓ Constancia en el ahorro. Uno de los factores más importantes es el ahorro previo. No se trata solo de juntar un monto en específico para postular, sino de mostrar disciplina en el tiempo. Los bancos y el propio sistema valoran esa constancia porque refleja compromiso y estabilidad.
- ✓ Salud financiera. Tan importante como ahorrar, es mantener tus finanzas ordenadas. Evitar morosidades, pagar las cuentas a tiempo y no sobreendeudarse son claves para que, si necesitas crédito hipotecario, los bancos confíen en ti. Yo siempre digo: un buen historial financiero es tan valioso como el subsidio mismo.

- ✓ Estar atento a los llamados. Muchos subsidios, como el DS01 o el DS49, se adjudican a través de llamados del Ministerio de Vivienda. Estos llamados tienen fechas específicas, requisitos muy claros y cupos limitados. Perder una postulación por no estar atento es más común de lo que uno cree.
- ✓ Entender el programa que te corresponde. No todos los subsidios son para todos. Hay familias que cumplen con requisitos de ingresos para el DS01, pero no para el DS49. Otros están en condiciones de postular al DS19 porque tienen cierto nivel de estabilidad, y algunos pueden beneficiarse del subsidio de arriendo como paso intermedio.
- ✓ Proyectar más allá del subsidio. El subsidio es una ayuda inicial, pero la vida financiera de la familia continúa después de obtenerlo. Hay que proyectar cómo pagarás el dividendo, los gastos comunes, contribuciones o mantenciones. Pensar a largo plazo es lo que transforma esta ayuda en un verdadero paso hacia el patrimonio.

11

Estrategias de salida: ¿Jubilar con departamentos?

Una de las motivaciones para invertir en propiedades es la idea de crear un patrimonio pensando en la vejez, o más específicamente, generar un flujo de ingresos que garantice una buena calidad de vida en esos años. Todos, de algún modo, pensamos en nuestro futuro y en cómo asegurarnos de tener recursos suficientes cuando ya no trabajemos.

Supongamos que una persona tiene 30 años y su plan es comprar un departamento imaginando que a los 60 pueda jubilarse. La idea sería aprovechar un crédito a largo plazo —de unos 25 o 30 años— para que su propiedad funcione como una especie de «colchón» económico para su retiro. La gracia es que, entre los 25 y 35 años, si compra y se queda con esa propiedad, estaría preparando su jubilación en una etapa temprana de su vida, sin tener que esperar hasta los últimos años para comenzar a acumular recursos. Ahora, aumentemos la apuesta e imaginemos que a los 30 años la persona logra adquirir 2, 3 o incluso 4 departamentos, y que cada uno genera un ingreso mensual por arriendo de 500 mil pesos. Aunque en principio parezca que no está ganando mucho, porque en realidad los ingresos de los arriendos cubren los dividendos de los créditos hipotecarios respectivos, ese esfuerzo podrá tener un gran valor en el largo plazo. Incluso si en el presente parezca que solo está sosteniendo costos, en el futuro ese flujo de ingresos puede ser suficiente para cubrir sus gastos de jubilación, e incluso superar la cifra que inicialmente pensó.

Supongamos que esa persona quiere tener un ingreso mensual de 2 millones de pesos a los 65 años. Para lograr eso, en un escenario tradicional tendría que haber ahorrado una cantidad considerable de dinero, sumando periódicamente durante toda su vida, quizás en una cuenta de ahorros o en fondos de inversión, y dejando que ese dinero crezca con los años. Sin embargo, si opta por invertir en propiedades, en lugar de guardar grandes sumas en un banco, está acumulando un patrimonio que, después de unos 30 años, puede valer mucho más.

Por supuesto, hay que tener en cuenta los riesgos: el deterioro de las propiedades, posibles problemas con los arrendatarios, fluctuaciones del mercado, entre otros factores. Pero, en general, esta estrategia puede ser una opción poderosa para el retiro financiero. Hay muchos inversionistas que, a lo largo del tiempo, han acumulado varias propiedades y hoy viven solo de sus rentas, sin necesidad de trabajar.

Estos «rentistas inmobiliarios» en realidad realizaron ese ejercicio en algún momento: compraron, administraron y maximizaron sus propiedades muchas veces sin ser plenamente conscientes de la magnitud de su estrategia. Para ellos, las propiedades no solo fueron un negocio, sino también una forma de asegurarse un ingreso pasivo.

Y si en algún momento decidimos que no queremos seguir administrando esas propiedades —por ejemplo, porque no nos gusta lidiar con arrendatarios o simplemente preferimos deshacernos de ellas—, siempre podemos vender ese patrimonio y convertirlo en dinero líquido. En ese escenario, si hoy tenemos un patrimonio de 1.000 millones de pesos, en realidad hemos logrado mucho más que lo que hubiéramos obtenido con una inversión tradicional en fondos o en la bolsa, que difícilmente multiplicarían nuestra inversión 25 o 30 veces en ese mismo período.

Ciclos de entrada

¿Por qué son tan importantes los ciclos de entrada en la inversión inmobiliaria?

Los ciclos de entrada son los momentos clave que debemos identificar para comenzar a invertir. Por esto, entender estos ciclos de entrada y comprender que cuanto antes comencemos, más oportunidades tendremos de comprar, vender y captar valor de manera continua, permitiendo que nuestras inversiones crezcan y se multipliquen en el tiempo.

El primer consejo, así, es **comenzar a invertir lo más joven posible**.

Si una persona comienza a invertir en bienes raíces en sus 20 o 30 años, podrá acceder a créditos a plazos largos (¡hasta 40 años en algunos casos!). A esta edad puede comprar, vender y volver a invertir varias veces, capturando la valorización de cada ciclo. Pensemos en esto como en montar una escalera: compramos en un momento, vendemos cuando el valor sube, y con ese dinero volvemos a entrar en otro ciclo.

De esta manera, ganar y vender en diferentes ciclos nos ayuda a crecer con cada inversión. Mientras más joven, mayor será la capacidad para obtener un crédito largo y, por consiguiente, hacer inversiones más grandes y rentables.

Ahora bien, podrían preguntarme: "Francisco, ¿qué pasa si ya tenemos 50 o 60 años?".

Probablemente los bancos nos ofrecerán créditos más cortos: plazos de 10, 15 o 20 años, porque, la verdad, las instituciones prestan dinero hasta una edad avanzada (algunos bancos, incluso, prestan hasta los 75 o 78 años), pero el trato implica cuotas más costosas. Para lograr invertir en esa etapa, lo recomendable es tener buenos ahorros o ingresos para pagar esas cuotas más altas. Por supuesto, siempre ayudará pagar un pie considerable del monto total.

12

No es un adiós...
Es un hasta luego

Como relaté al comienzo de este libro, antes de comprar mi primer departamento mi motivación por invertir era escasa. La verdad, prefería cerrar los ojos, y, por supuesto, gastarme todo lo que tenía. Mi desconocimiento y la falta de disciplina no me dejaban ver más allá de mi metro cuadrado. Ahora lo comprendo: no tenía las herramientas ni la claridad para dar pasos confiables y, de algún modo, como fuera, necesitaba encontrar algo que me empujara y motivara.

En esa época, quizás por miedo u orgullo, mi "otro yo"—ese lado que llamo Frank, y que mis seguidores conocerán por sus videos en mis redes— tomaba el control de mis planes y atrofiaba mi responsabilidad. Mi hábitat era el despilfarro, y el ego, por su parte, me hablaba al oído y me decía que solo debía consumir porque me lo merecía. Frank no me permitía sacarme la venda de los ojos y apreciar las oportunidades que pasaban todo el tiempo.

Pero, como suele pasar en la vida, los momentos complicados nos enseñan más que los felices. Toqué fondo con las deudas y logré salir de ese pantano poco a poco, ahorrando e invirtiendo. Fue duro, pero de esa vivencia aprendí a no darme por vencido, ni quedarme inmóvil. La clave está en buscar, informarse, asesorarse y actuar, incluso en los escenarios más adversos. Después del estallido social y la pandemia, cuando la mayoría de las personas decía "no es buen momento para invertir", yo me atreví a ir contra la corriente y, más que nunca, comencé a estudiar cómo poder darle la vuelta. La economía del país y del mundo se alteró, y sin tener todas las respuestas, me movilicé por las ganas de aprender y arriesgarme. No hay que esperar a que todo sea perfecto porque, ¡spoiler!, esa perfección nunca llega. La inspiración nos debe pillar caminando porque las oportunidades siempre están un paso adelante; nunca un paso atrás. Y aquí va un mensaje muy importante: la inacción y la espera extendida solo sirven para retrasar los sueños.

Cuando me preguntan cuál es el secreto para triunfar en el mundo inmobiliario, les digo que no existe un solo gran secreto, portador de la verdad universal. Y cuando me preguntan cuándo es el mejor momento para invertir, les digo, del mismo modo, que tampoco existe el momento perfecto. Lo que sí puedo decirles es que siempre será un buen momento para aprender y tomar decisiones. Debemos darnos cuerda y, si vamos a tropezar, confiar en que es parte del proceso. Hay que levantarse y seguir, sin dejar que las dudas nos estanquen y aturdan.

Este libro que hoy tienen ante ustedes –o que tal vez estás escuchando–, lo escribí con mucho cariño porque me siento muy honrado de poder acompañarlos en esa travesía. Espero hayan podido descubrir sus propios parámetros de inversión, y que la información técnica y los conceptos claves les ayuden a seguir investigando sobre la inversión inmobiliaria. La invitación, ahora, es a emprender su camino sin esperar que otros hagan las tareas por ustedes. ¡La iniciativa está en sus manos! ¡De nadie más depende! Para mí, invertir no solo es cuestión de dinero, sino una fuerte actitud de fe. Porque cuando comencé, quizás, intuía que estaba haciendo algo importante, pero nunca imaginé que era un paso tan grande que mi vida comenzaría a girar para siempre. Cuando compré ese primer departamento, nunca imaginé que empezaba a transitar un sendero que, con los años, se convertiría en una larga y emocionante aventura. Y sobre todo, un espacio seguro y luminoso para mi familia.

Mi único consejo, entonces, es que nunca dejen de aprender. La carrera nunca termina porque siempre hay algo nuevo por descubrir. Jamás se duerman en los laureles y, sobre todo, no piensen que tienen todas las respuestas, porque eso es el peor de los peligros. Recuerden siempre que cuanto más aprendemos, más entendemos que no sabemos tanto, que nos queda mucho por descubrir, que nunca es suficiente respecto al aprendizaje. Estudien, pregunten, reflexionen y sigan avanzando. Y por último, recuerden que en la inversión inmobiliaria, como en la vida, la receta definitiva no existe. No hay un manual de instrucciones ni una "papita" que me haga llegar al cielo. Solo debemos avanzar, adaptarnos, aprender de los errores y, cuando nos toque ganar, actuar con humildad para seguir creciendo.

Nos vemos en otro libro. Nos vemos en otra nueva experiencia... En otro paso hacia adelante.

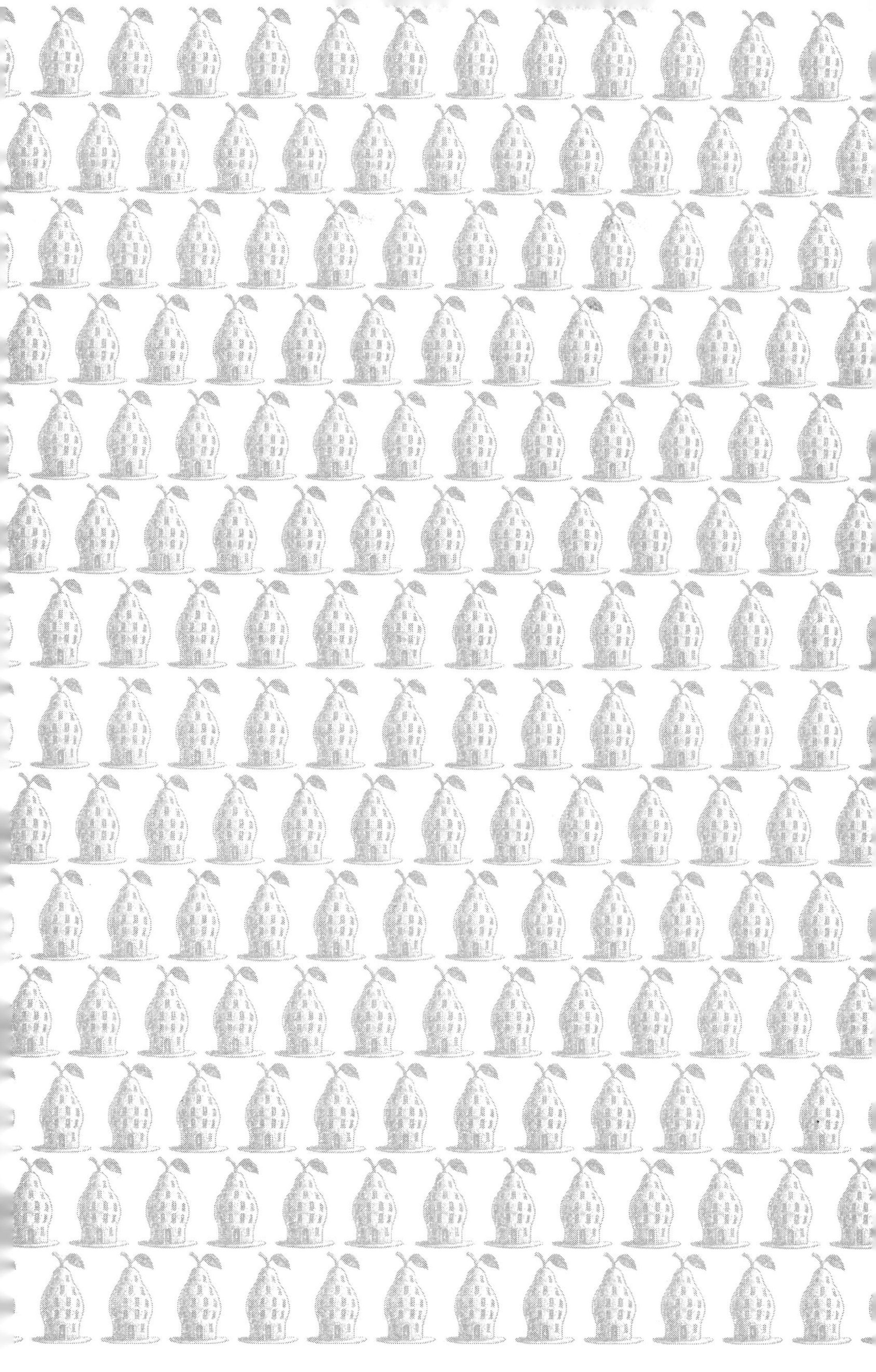

Made in the USA
Monee, IL
18 October 2026

66035456R00104